テストが導く
英語教育改革
「無責任なテスト」への処方箋

根岸雅史 著

三省堂

はじめに

　『無責任なテストが「落ちこぼれ」を作る』（大修館書店）は，恩師である若林俊輔先生との共著で，平成5（1993）年に出版されている。私が昭和63（1988）年に東京外国語大学で教鞭を執り始めてからしばらくして，雑誌『英語教育』（大修館書店）で毎月の連載が始まった。若林先生とは隔月で担当したが，私は自分が書いた原稿を若林先生のところに持って行くと，一読して赤字を入れられた。私は自分の作文の添削を受ける学生のように緊張していたのを覚えている。私のおとなしめの書きぶりが，みるみるうちに「過激な」文体に姿を変えていく。私の担当箇所にも関わらず，「刺激的な」書きぶりが混ざっているのは，そのためである。

　2年ほどの連載が終わる頃，これを本にしようということになった。本がまとまって，タイトルをつける段になり，若林先生が提案したのが，『無責任なテストが「落ちこぼれ」を作る』であった。あまりの突飛なタイトルに私は唖然としてしまった。もっと一般的な「言語テスト」の本らしいタイトルを予想していたからであった。自分が初めて出す本がこのような衝撃的なタイトルとは ....。そうしてできたのが『無責任なテストが「落ちこぼれ」を作る』であった。そのタイトルのせいか，新宿の紀伊國屋で自分の本を探すと，なんと道徳のコーナーに置いてあった。私は，その本を手に取り，そっと英語教育のコーナーに移した。

　『無責任なテストが「落ちこぼれ」を作る』が世に出ると，多くの英語教師や英語教育学を研究する人々に強いインパクトを与えたようだ。教師がテストを作るときは，往々にして自分が受けてきたように作っている。しかし，これによりその常識が根底から覆されたのだ。おかげで，『無責任なテストが「落ちこぼれ」を作る』は，今日でも版を重ねている。

　専門書が売れない世の中であるから，英語教育学の書籍もすぐに絶版になったりしている。その意味で，四半世紀近くも版を重ねているというのは，驚くばかりである。学習指導要領も変わり，評価のシステムも変わり，大学入試も変化しているにも関わらず，である。

　今『無責任なテストが「落ちこぼれ」を作る』を読むと若干の記述の修正が必要と思える箇所もないわけではない。しかし，若林先生が亡くなられた今となっては，私一人で改訂するわけにはいかない。いや，書き直せたとしても，肝心の

若林先生の「声」が聞こえなくなってしまう恐れがある。そして，なによりも，『無責任なテストが「落ちこぼれ」を作る』で指摘した問題はほとんど解決されていないのだ。

『無責任なテストが「落ちこぼれ」を作る』を手にした教師に会うと，口々に「この本を読むとテストが作れなくなるんですよ」と言われた。つまり，『無責任なテストが「落ちこぼれ」を作る』は，徹底的にテストの問題点を指摘したが，解決策の提示にはあまり力点を置かなかったのだ。

そこで，テストの問題点を認識した上で，その問題点を解決する道筋を示すことが必要だという思いが沸いてきた。幸いこれまでに書きためたテスト関係の原稿があり，それらをベースに新しいテストの本を作るという企画が立ち上がった。本書は，『無責任なテストが「落ちこぼれ」を作る』がそうだったように，連載記事を下敷きにしている。本書の下敷きとなっているのは，三省堂の *Teaching English Now* という情報誌の「評価クリニック」である。2003 年から 2017 年までの 15 年間の連載記事をトピックごとに整理した後に，加筆・修正した。

原稿を書いては読み直し，その度に手を入れたくなってしまう。しかし，本書の構想から 5 年近くがすでに経とうとしている。どんな不完全な形であっても，もう私の手を離れるときだろう。英語教育を取り巻く状況も常に変化している。いずれまた，書き直しが必要なときも来るであろう。

本書の出版に当たっては，学部時代の恩師の若林俊輔先生，大学院時代の恩師の羽鳥博愛先生，英国レディング大学時代の恩師 Don Porter 先生，そして，様々なテスト開発・教材開発・科研・教員研修で出会った先生方とのたくさんの語りが大いに役に立ったことは言うまでもない。また，外語大で出会った学生たちは，私一人では思いつかないような，実に様々なことを考えるきっかけを与えてくれた。

最後に，本書の企画の当初から辛抱強く原稿の完成を待っていてくれた三省堂編集部の中迫佑治さん，また，当初の *Teaching English Now* の担当者で，様々な執筆のヒントをくださった福本健太郎さんには，本当に感謝している。こうした人たちの助けがなければ，本書が完成に至ることはなかっただろう。

平成 29（2017）年 4 月 20 日

根岸雅史

目　次

はじめに …………………………………………………………………………… 2

第1部　テスト作成の心構え

第 1 章	なぜテストをするか ………………………………………	6
第 2 章	気になるテスト作り ………………………………………	10
第 3 章	英語のテスト検討の建設的な議論のために ………………	14
第 4 章	多肢選択式テスト作成の心得 ……………………………	26
第 5 章	コミュニカティブ・テスティングへの挑戦 ……………	31
第 6 章	教科書の言語活動に合わせたテストを …………………	41

第2部　テスト作成のつぼ

第 7 章	リーディング・テスト ……………………………………	48
第 8 章	リスニング・テスト ………………………………………	57
第 9 章	ライティング・テスト ……………………………………	66
第10章	スピーキング・テスト ……………………………………	82
第11章	文法テスト …………………………………………………	96
第12章	単語テスト …………………………………………………	105
第13章	テストはいつ実施するか …………………………………	109
第14章	既製テスト問題の利用を考える …………………………	117

第3部　テストとつなぐCAN-DOリスト

第15章	CAN-DO リストの作成 ……………………………………	124
第16章	CAN-DO リストの使用 ……………………………………	131
第17章	CAN-DO リストの改善 ……………………………………	135
第18章	「観点別評価」のこれまでとこれから …………………	139
第19章	「技能統合」と「診断」 …………………………………	171

結びにかえて　　さよなら，総合問題 ……………………………………… 175

参考文献 …………………………………………………………………………… 179

索引 ………………………………………………………………………………… 181

第 1 部

テスト作成の
心構え

第1章 なぜテストをするか

1. なぜテストをするか－建前

　「なぜテストをするか」これまでに何度この問いを英語の先生方に向けたことだろうか。それは，この問いへの答えには，テストに関わる根本的な問題が潜んでいると思っていたからである。

　現場の先生方のこの問いへの答えはどのようなものだったろうか。表現は様々だが，およそ次の5点に集約できる。

　　・生徒の能力を知るため

　　・成績をつけるため

　　・指導の成否を知るため

　　・生徒の診断をするため

　　・生徒に勉強させるため

　テストをするのは，生徒の能力を知るためで，その結果をもとに成績をつける。また，単に成績をつけるだけでなく，その結果から，教師が自分の指導を振り返ったり，生徒の英語力の診断を行ったりする。さらに，テストをすることで，生徒に勉強をさせることにもなる。

　これらは見事な模範解答である。おそらく，教室で実施する言語テストに関して書かれた専門書であっても，目的に関しては，およそこんなところではないか。もっとも，言語テストの文献であれば，「生徒に勉強させるため」というのは，「いい波及効果を得るため」というような言い方になるであろう。ちなみに，波及効果は英語では backwash effect または washback effect といい，テストが学習や指導に及ぼす影響のことである。

　では，現実のテストは，そのような目的をきちんと達するようなものになっているだろうか。成績は，つけなければならないのだからつけているだろうが，その他はどうだろう。

　　・生徒の能力をきちんと知ることができるテストになっているか

　　・指導の成否を知ることができるテストになっているか

・生徒の診断ができるテストになっているか
・生徒にいい勉強をさせる（いい波及効果を得られる）テストになっているか

　生徒の能力をきちんと知るということは，観点別の評価であれば，それぞれの観点および技能から見たときに，生徒の英語力がどうなっているかがわからなければならないということだ。また，指導の成否を知ったり，生徒の診断をするには，観点や技能について，クラス全体および生徒個人の英語力の状況を知ることができなければならない。そのためには，何を測ろうとしているのか明確になっていない総合問題のような問題形式ではダメだろうし，仮に問題形式は統一されていても，そこに含まれる問題のテスティング・ポイントがばらばらでもダメだろう。

　適切な問題構成がなされた上で，結果を分析する際は，大問のテスティング・ポイントごとに結果を解釈していかなければならない。つまり，ある大問の出来がクラス全体としてよくなかった場合は，指導に問題があったか，指導しようとした事柄自体の難易度が高かった可能性が高い。それに対して，クラス全体として問題なければ，ある大問の出来がよくないということは，その生徒個人の問題として解釈されなければならないだろう。

　波及効果については，テストをすると言えば，生徒は勉強するだろうという想定がある。近年では，テスト前でもそれほど勉強しない生徒がいるという話は聞かないでもないが，問題はむしろ，生徒がどのような勉強をどのくらいしているのかを，意外と教師が把握していないという点だ。英語が苦手な生徒は，勉強のやり方が分からずに，教師が想定しないような勉強に時間を費やしていることもある。定期試験の波及効果の特徴は，教師自身が波及効果を生じさせるテストの作り手であるという点だ。大規模テストの場合は，教師はそのテストの作成に関わることはまずないだろう。それに対して，定期試験は教師自身がその作成を行う。ということは，生じさせたい波及効果をイメージしながら，定期試験を作成し，実施することが可能だということだ。いい波及効果を得るには，生徒と到達目標を共有し，その目標への到達の仕方の理想的な形

を伝えることだろう。こうすることで，教師が望む波及効果が得られるに違いない。

2. なぜテストをするか−本音

「なぜテストをするか」この問いに対する英語の先生方の答えには，教師の本音が垣間見える。前述の答えの中で，しばしば聞かれたのが「授業でやったことをきちんと覚えているかどうかを確認するため」や「自分の授業をまじめに聞いていたかどうか確認するため」という言葉であった。

最初のうちは，私はこれらの答えを自明のことのように思い，聞き流してしまっていたが，実はここには重要な本音が隠れているのではないかと思うようになってきた。それは，テストで測っているのは，「授業で教えたこと」そのものであるという点である。

言語テスト研究においては，近年，「言語テスト研究者」は，「教師」に自分たちの研究をきちんと伝えてきたのかという議論が起こっている。つまり，言語テスト研究の世界の議論は，ほとんどの教師には届いていなかったのではないかという反省である。

言語テスト研究で，よく言及される「妥当性」や「信頼性」といった基本概念をとってみても，教師との思惑のずれが見える。「妥当性」は，「測ろうとしている能力をテストが測っているか」を表すし，「信頼性」は「測ろうとしている能力を安定して測っているか」を表している。これらの概念の大前提は，テストでは何らかの「能力」を測ろうとしているということである。英語のテストであれば，「英語力」を測っているという前提である。

しかし，前述の教師の答えは，テストで測っているのは，「授業で教えたこと」であって，「英語力」ではない。「（英語の）授業で教えたこと」は「英語力」だと思われているが，実際はそう単純ではない。多くの場合，「教師が自分の英語の授業で教えたこと」は，とりもなおさず，「教科書の内容そのもの」を意味している。だからこそ，定期試験では，教科書の本文が載り，その内容についての問いがなされるのだ。そうなる

8

と，それはそれで整合性があることになり，少なくとも「妥当性」のある問題となってしまう。

　しかしながら，「教科書を教えるのか，教科書で教えるのか」の議論を思い出してほしい。「文学」の授業では，シェークスピアやディケンズの作品そのものの解釈を目指すが，「英語」の授業では，教科書に何らかの文章が載っていたにしても，それは「英語力」をつけるための道具である。こう考えれば，テストでは，「本来つけようとしていた力」を見なければならない。そして，その力を見るためには，授業で教師に習った既習の文章をそのまま用いたのではダメで，「本来つけようとしていた力」がついていれば生徒が読めるようになっているはずの文章を出さなければならないのだ。

　テストで教科書の内容そのものを出さないことには，多くの教師は抵抗感があるだろう。生徒が自分の授業を聞く意味を見いだせなくなってしまうと考えるからだ。しかし，本質的には，英語の授業は英語力をつけるためのものである。教師の日本語訳を忠実に再生させるだけのテストは，もはや「英語力を測るテスト」ではない。

　テストが生徒をコントロールするためのツールではなく，本来のツールとして機能するためには，「本来つけようとしていた力」が本当についているのかを見なければならない。そして，そのためには，ある意味，未習の文章をテストに出さなければならないだろう。ただし，そうしたときに非常に重要なのは，生徒に対して，授業のねらいと評価の方法について，きちんと生徒に伝えるということだ。それができなければ，生徒は定期試験は単なる実力問題と捉え，従来やってきたような「試験勉強」をまったく放棄してしまうかもしれない。その意味では，新たなテストに向けての，「試験勉強のモデル」の提示も必要だ。

　このアプローチは，従来の多くの教師の慣習を変える大手術かもしれない。しかし，これはやっかいな病巣を取り除くために，必要な手術だ。

第2章　気になるテスト作り

　それでは，英語のテストが，どんな問題点を抱えているのか，そのいくつかに焦点を当て，考察する。

1. 設計図のないテスト

　まず，「もの作り」の一般的な手順を考えてみよう。作ろうとするもののコンセプト形成から始まり，それを具現化するための設計図の作成を行う。場合によっては，それをもとに試作品が作られ，最終的なプロダクトに至る。家作りにしても，車作りにしても，こうしたプロセスをたどり，ものが作られていく。いい「もの作り」のために，とりわけ重要なのが設計図の作成である。家の設計図もなしに，窓を作り始めることはないし，車の設計図もなしに，ドアを作り始めることもない。

　ところが，これがテスト作りとなると「設計図」の作成を行わない人たちがあまりにも多い。テスト作りでは，多くの人が，まず問題を書くことから始めているのである。どんな全体像のテストとなるのかもわからずに，個々のテスト項目を作成している。こうして作られるテストは「英語力」をただ漠然と測っているだけであり，定期試験においては意味がない。

　言語テストの場合は，全体図を描いた「設計図」のことをテスト・デザイン（test design）と呼び，そのパーツの詳細についての取り決めを書いたものをテスト・スペック（test specifications）という。ここにはおよそ以下のような事柄が含まれることになる（Davidson, 2001; Hughes, 2003; Green, 2013）。

- ・評価計画に沿ったテストの役割についての記述
- ・そのテストで測ろうとする能力や知識のリスト
- ・それぞれの能力や知識をどのような方法で測るかについての記述
- ・リーディングやリスニングでは，どのようなテキストを用いるかについての記述

第 1 部　テスト作成の心構え

・それぞれの大問に必要な小問の数
・それぞれの大問の重みづけ（配点）
・それぞれの小問の重みづけ（配点）
・採点基準

　定期試験などでは，少なくともこのようなことを決めずに，実際の問題作成に入るべきではないと考える。これが熟達度テスト（proficiency test）ともなれば，これ以外にも，使える単語や文法項目・言語機能などのリストも確定しておく必要がある。

　このような「設計図」を作ることで，テスト作成者は，自分の指導の中で何が重要で，それをどの程度まで身につけていることを生徒に期待しているのかを考えることになる。明確な「設計図」があれば，何の能力（または，知識）を測ろうとしているのかわからないような問題はなくなるはずである。

2.「総合問題」の意味

　観点別・絶対評価にあっては，ある到達目標に照らして，個人がその目標に到達しているかどうかを見ることになっている。したがって，何の能力（または，知識）を測っているのかわからないようなテスト問題は，観点別・絶対評価にあっては，上に述べたとおり，利用のしようがない。この意味で，いわゆる「総合問題」は，観点別・絶対評価になってまずその存在意義がなくなるはずであった。しかし，この「総合問題」は定期試験からいまだに消え去ってはいない。ご存じの通り，「総合問題」では，あるまとまった英語の文章が提示され，その中にある単語の発音を問うたり，単語の意味を問うたり，文法事項を問うたり，文章の内容を問うたりしている。このように，「総合問題」にはばらばらのテスティング・ポイントが含まれているために，その結果の意味を解釈することは難しく，その得点は，観点別・絶対評価の枠組みでは行き場を失うのである。

　往々にして，この「総合問題」の得点は，「理解の能力」として扱われていることがあるが，その中身を見れば，「理解の能力」を測ってい

11

るわけではないということは明らかだ。とりわけ定期試験における「総合問題」では，文章の内容理解を問う問題の比率は意外と少なく（まったく含まれていないこともある），用いている文章は「総合問題」を「理解の能力」のテストとするための見せかけにすぎない。

3. 文法問題

　観点別・絶対評価においては，どういった能力や知識を測っているかが明確になっていなければならないのは，いわゆる「文法問題」でも同じである。一般に，「文法問題」は，「総合問題」とは異なり，1つの大問の中に様々なタイプの問題が含まれているようには見えない。それは，「文法問題」は，それぞれの大問における問題形式がたいてい統一されているからである（例えば，「空所補充問題」「並べ換え問題」「適語選択問題」という具合である）。しかし，それが実はくせ者である。「問題形式」が統一されているからといって，「テスティング・ポイント」が統一されているわけではないのである。例えば，すべてのテスト項目が空所補充問題であっても，動詞の時制を問う問題が入っていたり，前置詞を選ぶ問題が入っていたり，単語や熟語の知識を問う問題が入っていたりすれば，この大問の結果から，生徒が何ができて何ができていないのかは見えてこない。また，同じ並べ換え問題でも，あるところでは句の内部構造を問うているのに，あるところでは内部構造は問題にしていないといったようなことがある。例えば，次のような並べ換え問題があるとしよう。

1. (a, gave, my, me, mother, present).
2. (me, show, to, could, the station, the way, you) ?
3. (your passport, could, me, show, you) ?

　1. では，a present や my mother という名詞句を作らなければならないのに対して，2. では the way や the station という名詞句は始めからできあがっている。また，3. では，直接目的語が1つのユニットとしてあらかじめ完成しているが，2. では，直接目的語を生徒自身が完成しなければならない。

この構成の大問の出来から，生徒の文法知識を的確に診断することはできないのである。さらに，この種の文法問題から導き出される診断コメントは，「単語を正しく並べ換えることができる」とか「空所を補充する能力がある」とか「正しい語を選ぶ能力がある」などとなってしまい，およそ英語の指導目標からはかけ離れてしまう。これでは，このテストに適切な診断機能を期待することはできないのである。「文法問題」では，「問題形式」をそろえるだけでなく，それぞれの大問で，文法のどのような知識を測りたいのかを明確に意識する必要がある。

4. 厄介な「線引き」

相対評価では，合計点を出して，それを上から5段階の比率にあわせて割り振っていけば，評定が出た。これに対して，観点別・絶対評価では，それぞれの観点ごとに，基準に達しているかについて判断しなければならない。しかしながら，その基準の決定は恣意的である。例えば，基準を5割とするのか，6割とするのかなどは，教師自身が決めたり，学校で統一の基準があったりする。観点別・絶対評価にテストを用いた場合には，この基準に合うようにテストが作られていなければならない。実際，基準の「線引き」の作業は，テストの難易度とも絡んで，かなり厄介な作業である。たとえ同じ実力・同じ「線引き」であっても，テストが易しければ基準に到達しやすくなるし，テストが難しければ基準に到達しにくくなる。また，TFで理解を問うような問題であれば，「鉛筆を転がしても」5割は正解することになっており，これをもって基準に達しているとは判断すべきではない。いくらいいテストを作ってきても，この「線引き」のさじ加減1つで，結果は大きく異なってきてしまう。今までの惰性に流されることなく，一度立ち止まって自分の「線引き」の妥当性を検討してみてはどうだろうか。

第3章 英語のテスト検討の建設的な議論のために

1. テスト検討の観点

　これまでに様々なテスト作りに関わってきたが，英語のテスト検討を建設的に行うことは容易ではない。テスト作成の当事者の前で議論する場合は，当然批判的なコメントをされた作成者は気持ちが穏やかでない。これまでに私の関わった会議でも，あからさまに不穏な空気が流れたこともあった。Hughes（1989: 58）は，「自分のテスト問題は我が子のようなもので，我が子が自分が思っているほどにはかわいくはないということを認めるのは容易なことではない。よい問題作成者の資質とは，自分の書いた項目の正当な批判を受け入れる用意があることだ」としているが，けだし至言である。

　もう一つ，議論がかみ合わない理由は，テストを議論するための観点が共有されていないからだ。英語のテストを見れば，そこにはテストのレイアウトから，指示文，テストに使われている英語そのもの，選択肢など様々なものが目に飛び込んでくる。それらすべてに対して，コメントは可能だし，また，どうあるべきといった絶対的な基準も共有していない。

　学校での英語のテストを論じる場合，少なくとも以下の4つの観点は，意識しておくべきだろう。

・妥当性：テストが測ろうとしている知識や能力を測っているか
・信頼性：何度測っても，同じような結果が出るか
・波及効果：テストが学習や指導に及ぼす影響はどのようなものか
・実用性：テストの作成・実施・採点・解釈が容易かどうか

　もちろん厳密には言語テスト研究者の中にも，これらの定義を巡っては様々な考えがあるが，当面はこの定義をもとに話を進める。

　こうした定義は，言語テスト研究者の間では，ほぼ共通イメージを持って用いられているが，世間一般での使用と乖離があるのは事実である。一般的には，「信頼できる」というのは，「頼りになる，きちんとし

第1部 テスト作成の心構え

たものである」ことを意味している。しかし、「何度測っても同じような結果を出すか」という定義はだいぶイメージが違う。新聞のテストについての記事では、「このテストは信頼性がない」と言っている場合、その文脈では「妥当性がない」ということを言っていることがよくある。いずれにしても、以下では、テスト研究で用いられている定義をもとに、議論を進める。

2.「妥当性」

2.1. 「妥当性」とは何か

テストの「妥当性」とは、テストが「測ろうとしているもの（これをテスト研究では「構成概念（英語では、construct）」と呼ぶ）」を測っているかという観点である。このような観点は、見ようによっては、不思議なものである。というのは、それが、「テストが測るべきものを測っていないかもしれない」という前提に立っているからである。

世の中には、いろいろな測定があるが、「測るべきものを測っていないかもしれない」という前提にはそもそも立っていない。身長計に乗るときには、身長計は身長を測っているという前提に立っている。体重計に乗るときには、体重計は体重を測っているという前提に立っている。

しかし、これが教育という文脈の中に入ると、話が大きく変わってくる。テストが相対的な順位付けの道具にしかなっていなければ、何を測っているかそれほど明確になっていなくてもかまわないかもしれない。また、テストの波及効果だけを意識しているのであれば、これまた、何を測っているか特に明確になっていなくても、生徒がテストに向けて勉強してくれさえすればいいのだ。

さらに、言語テスト固有の難しさもある。言語テストは言語能力を測定しようとしているが、この言語能力は、外から観察可能なものではない。だからこそ、どんな知識や技能を測るかについての合意が形成されにくい。また、言語能力として含めることに合意形成が図れない部分に関しては、結果として関係のない能力を測ってしまうということもあるだろう。これはテスト研究では、「構成概念の無関係性（construct

irrelevance)」という。具体的な例で言えば，発音の「紙と鉛筆による
テスト（paper-and-pencil test）」が「発音能力」を測ろうとしているに
も関わらず，そのテスト結果が実際の発音能力を反映していないとすれ
ば，それは「構成概念の無関係性」の問題となる。もし「英語を話す力」
に「おもしろさ」は含まれないと考えているにも関わらず，「スピーチ」
の評価で，「おもしろさ」を評価対象にしているなら，それも無関係な
構成概念を測っていることになる。

　さらに，言語テストでは，測定すべきことのすべてを測ることができ
ないことから生ずる難しさもある。例えば，定期試験でさえも，教え
た単語や文法のすべてをテストすることはできない。ましてや，熟達
度テスト（proficiency test）であれば，なおさらである。読むべきテキ
ストのすべてを出すことなどは不可能なのだ。それゆえに，テストで
は何かが選択されるが，そのサンプリングの妥当性が問題となる。こ
れがうまくいっていないと，「構成概念の非代表性（construct under-
representation）」の問題を引き起こすことになる。例えば，「話すこと」
が「発表（spoken production）」と「やりとり（spoken interaction）」
から成り立っていると考えているとすれば，インタビュー・テストで「や
りとり」しか見ていないのは，「構成概念の非代表性」の問題があると
いうことになる。

2.2. 「妥当性」をどう高めるか

　言語テストにおける「妥当性」が重要だとしても，どうすれば「妥当性」
の高いテストを作ることができるのだろうか。

　まず，テストの作成に当たって，テストの全体的なデザインから始め
ることである。テスト問題を作成するときに，とりあえず問題を作れそ
うなところから作っていくと，本来測るべき知識や技能を測っていない
テストができあがってしまうことがある。それに対して，全体的なテス
ト・デザインを作成してからテスト問題を作成していけば，大きなぶれ
はなくなるだろう。

　まず，測るべき知識や技能をリストアップする。「測るべき」かどう

かの判断は，ある程度主観的な行為である。しかし，この判断を最初の段階で行うかどうかが非常に重要だ。この段階の「測るべき」かどうかの判断は，言語能力モデルに照らしてなされるかもしれないし，指導の重点に照らしてなされるかもしれない。

ただし，一度測るべき知識や技能を決定しても，それらは与えられた時間内には収まりきらない場合もある。そのような場合は，重要性を考慮して，一部はテストに含めるのをあきらめなければならないことになるだろう。しかし，このような制約の結果残ったテスト対象は，意味のあるものに違いない。

また，直接測れるものは直接測ることである。「話すこと」や「書くこと」に関わる知識や技能では，できる限り直接的に測ることだ。「話す力」を測るためには話させる，「書く力」を測るには書かせるというのは，ある意味，自明なことである。しかし，実施の大変さや採点の手間から，直接的なテストの実施を避けてしまうことがある。例えば，かつての TOEFL では，Structure and Written Expression という，文中の誤っている箇所を指摘させる問題を「書く力」を測るために出していた。TOEFL のような大規模テストでは「書く力」を直接測るのは難しいという理由からだ。しかし，今日では，様々な工夫の結果，「書く力」の直接的な測定が実現されている。これなどは，間接的測定から直接的測定への移行を実現した好例であろう。

同様に，生徒の発音の能力を本当に見たいのであれば，「紙と鉛筆によるテスト」ではなく，実際に発音させて，その結果を評価した方がいいだろう。今後「スピーキング・テスト」がますます普及していくことが予想される。実際の発音を評価することは，「話す力」の診断的な機能を考えても，重要なことだ。

また，意外な盲点かもしれないが，採点の仕方も「妥当性」に大きな影響を与える。気づかないうちに，本来測ろうとしていたのとは異なる知識や技能といった観点から採点していたりすることはないだろうか。例えば，英問英答によるリーディング・テストで，英語の解答に綴りの誤りがあった場合，この綴りの誤りを減点するかどうかは，「妥当性」

に関わってくる（Hughes, 2003）。このリーディング・テストで測ろうとしていた力は「英文を読んで理解する力」だとしよう。もしこのテストの採点で，綴りの誤りで減点したとすると，テスト結果は「英文を読んで理解する力」だけでなく，「正しい綴り字を書く力」を含んだものとなってしまう。

　同じように内容的には正しい答案でも，綴りの誤りのない答案と綴りの誤りの含まれた答案を見てしまうと，それらの答案に差をつけたくなる気持ちはわからないでもない。しかし，この問題で本来測ろうとしていたのは，「英文を読んで理解する力」であったことを思い出してほしい。英語で答えさせる問題でなく，内容理解の多肢選択式の問題であれば，この違いは顕在化しなかったのだ。

　採点の「妥当性」の影響は，「話すこと」や「書くこと」の評価では，なお顕著である。「流暢さ」や「応答の適切さ」が重視された指導が行われた後のスピーキング・テストで，その中の「文法の誤り」を数えて減点するような採点が行われれば，テスト結果は「流暢さ」や「応答の適切さ」とほとんど関係のないものになってしまう。

2.3.　「妥当性」の常なる向上を

　テストが何を測り，それをどう採点するかで，結果は大きく変わってしまう。その結果は，時に生徒の将来さえも決めてしまう，社会的責任のあるものである。

　「妥当性」とは，「妥当性」があるかないかというような二分法によるものではない。より「妥当性」があるかどうかというような連続性のあるものである。だからこそ，常にその向上を心がけ，一度決めたことであっても，見直す勇気も必要である。

3.「信頼性」：テスト統計の哲学から

3.1.　テスト作りと統計の話

　現代の言語テスト作りでは，テスト統計の果たす役割は大きい。大規模な言語テストにおいては，そのテスト結果から受験者の言語能力を推

定して，スコアにして返却するというプロセスがあり，そこではテスト統計は必須である。言語テストの学会ともなれば，多くの発表は，テスト統計の知識がなければ理解できないと言っていいだろう。

　このような状況にもかかわらず，定期試験作りの場において，テスト統計の観点から議論がなされることはほとんどないのではないか。確かに，大規模テストの開発機関のように，テスト統計の専門家がデータを分析してくれたり，データがパソコンで分析できるような形になっていないので，大規模テストの開発機関と全く同じことができるわけではない。しかし，だからといって，定期試験がテスト統計のまったくの「聖域」であってよいわけでもない。

　では，学校内で行われる定期試験においては，テスト統計はどのようにして活かされるのだろうか。現実に定期試験のデータにテスト統計を適用できなくても，教師がテスト統計の哲学，つまり，テスト統計がどのようなロジックに基づいているか，ということを知っておくことは重要だ。

3.2. 「信頼性」の哲学

　まず，テスト統計の重要概念としては，「信頼性」が挙げられるだろう。これはテストの得点の安定性を意味する。多くのテスティング本では，第一義的には「何度測っても同じ結果が出るかどうか」と説明されている。これは，再テスト法につながる考え方で，直感的には最も理解しやすい説明かもしれない。しかし，現実には，同じテストを何度も実施することや，同じ目的のテストをいくつも作ることはないだろう。こうした理由もあって，ほとんどの場合，テストの「信頼性」はテストの「内的一貫性」によって推定される。

　「内的一貫性」が高いということは，全てのテスト項目が同じような能力や知識を測っているということを意味している。テストがこういう状態であれば，このテスト結果は安定していると考えられるということだ。少々奇妙なたとえかもしれないが，コーヒーに入れた砂糖の量がどれくらいかを調べる場合，よくかき混ぜてサンプルを取れば，どこから

とっても同じ濃さとなるが，もしかき混ぜてなければ，上の方はほとんど糖分がないが，下の方は相当な糖分となるはずだ。これを測定と考えれば，かき回してある場合（つまり，内的一貫性がある場合），測定結果は安定するだろう。

テストの「信頼性」は，今日では一般にクロンバックα（Cronbach alpha）という係数で示される。これは0から1の間で示され，この数値が大きいほど，「信頼性」が高いとされる。計算式は以下の通りである。

$$\alpha = 項目数 / (項目数 - 1) \times (1 - (各項目の分散の合計 / 合計点の分散)$$

この計算式が示すように，問題数が増えるほど，そして同じような技能や知識を問う問題が多いほど信頼性係数は高まる。

3.3. テスト項目の弁別力の哲学

テストの「信頼性」がテスト全体の「内的一貫性」を見ようとしているのに対して，テスト項目の弁別力はそれぞれのテスト項目の善し悪しを見ようとしている。そのロジックは次のようなものである。テストの全体得点は，測ろうとしている能力や知識の量を表しており，それと強い関係にあるテスト項目は，その能力や知識の弁別力があると考えるのである。つまり，測ろうとしている能力や知識がある受験者が正解し，その能力や知識がない受験者が不正解になるテスト項目は，弁別力があると言えるというものだ。

弁別力の計算式としては，点双列相関係数（point-biserial correlation coefficient）が代表的であるが，この数値が正であれば能力の高い受験者がその問題を正解する傾向があることになり，負であればその逆の傾向があることになる。この数値が0.2より小さければ，何らかの問題のある可能性がある。もっとも，より簡便な項目弁別力指数（item discrimination power index）というものもある。

また，エクセルなどの表計算ソフトで受験者ごとに個別のテスト項目の出来と総合点を入れてあれば，総合点を降順に並べ替え，上にある受験者の多くが不正解しているテスト項目や，下にある受験者の多くが正解しているテスト項目が見つかれば，それらのテスト項目は弁別力が高

くないことを示唆している。

3.4. テスト統計の大前提

　テスト統計の前提となる考え方がいくつかある。それは，まず，テストは何かの技能や知識を測っているということである。これは一見自明なことのように思われるが，実は定期試験の作成者となる教師がみな持っている前提ではないかもしれないのだ。「このテストはどんな技能や知識を測っていますか」という問いに，即座には答えられない教師は意外と少なくない。それから，もうひとつの前提は，1つのテスト（個別のテスト項目ではなく，テストの全体）は，基本的に1つの技能または1つの知識を測っているというものである。最後に，全てのテスト項目は，その能力や知識を測っているべきであるという前提である。実は，現代テスト理論の柱である項目応答理論（item response theory）でも，これらは重要な前提となっている。いわゆる一次元性といわれるもので，前述の「信頼性」の前提と類似した考え方とも言える。

3.5. テスト統計と定期試験の英語のテストの矛盾

　テストの「信頼性」もテスト項目の弁別力も，テストが全体として同じ能力や知識を測っているという前提がある。しかし，一般的な英語の定期試験を考えてみよう。現行の観点別評価のうち，「コミュニケーションへの関心・意欲・態度」を除いた「外国語理解の能力」「外国語表現の能力」「言語や文化についての知識・理解」を筆記試験で測るとする。こうなっている時点で，この定期試験は1つの能力や知識を測っているとは言えないだろう。また，定期試験が筆記試験だとしても，技能別に見ると，「読むこと」「書くこと」「聞くこと」から成ることになる。これでは，測っている技能は1つとは言えない。

　定期試験がこうした構成であれば，異なる技能や知識を測る大問に含まれるテスト項目の1つが，全体得点の善し悪しと関係しているとは考えにくい。ましてや，受験者集団は，一般的な大規模テストの受験者とは異なり，能力の幅はかなり狭く，技能や知識ごとにある程度の得意不

得意は想定できる。

　となると，テスト統計の大前提と定期試験は，あまり相性がよくない
と考えられる。これは，厳密な意味では，大規模テストでも同じである。
しかし，現実には，テスト統計を用いることで得られる利点が大きなも
のであるために，多少の相性の悪さには目をつぶって，利用していると
いうのが現状だろう。

3.6. では，どうする

　様々な制約を考えて，考え得る解決策はどのようなものだろうか。特
定の指導を前提とする定期試験では，その指導目標を確認し，それに基
づいて「テスティング・ポイント」ごとに構成されたテストを作成する
ことになる。そこで，テスト統計の哲学を活かすとすれば，それぞれの
大問では，1つの「テスティング・ポイント」を意識し，「内的一貫性」
が保たれるように各テスト項目を作成することだろう。その上で，大問
ごとに，英語力の高い生徒（あるいは，そのセクションの得点の高い生
徒）が不正解となっていたり，能力が低い生徒が正解していたりしてい
る項目がないかのチェックを心がけることだ。

　もちろん，自身のテスト・データを自分で分析したいと思うのであれ
ば，汎用の統計ソフトから，特定の分析にターゲットを絞ったテスト統
計ソフトを用いることができる。市販の統計ソフトとしては，「SPSS」
があるが，今日ではフリーの統計ソフトや統計分析サイトもいろいろ
あるので，それらを用いて一度分析してみるとよい。フリーの統計ソフ
トとしては，「R」が代表的であるが，「JASP」や「js-STAR」などのソ
フトもあるので，用途に応じて利用されるとよい。また，熊谷龍一氏に
よるウェブサイト「項目応答理論（IRT）と EasyEstimation のページ」
（http://irtanalysis.main.jp/）では，項目応答理論によるテストの項目
分析ができる。さらに，水本篤氏による「langtest.jp」（http://langtest.
jp/#app）というウェブサイトでは「R」を利用したテストの項目分析
を含む様々な統計分析が用意されている。

4.「波及効果」

　テストの「波及効果」とは，テストが学習や指導に及ぼす影響のことである。「波及効果」の強さ（intensity）は様々であり，テストによってはよい波及効果を生むものと，悪い「波及効果」を生むものとがある。

　一般には，重要なテストは強い「波及効果」をもたらし，さほど重要でないテストはあまり強い「波及効果」をもたらさないとされる。また，受験者にとって難しすぎるようなテストも，その重要さに関係なく，「波及効果」を生み出さないと考えられる。具体的に言えば，人生を左右するような入試問題は，一般に強い「波及効果」を生み出すと考えられるが，それが受験者にとって絶望的に難しければ，学習をあきらめてしまうかもしれない。

　大規模テストと定期試験では，「波及効果」の強さ以外にも，「波及効果」のあり方が異なる。つまり，大規模テストは学習や指導あるいは社会に対して影響が及ぶことが考えられ，その影響は広範囲にわたる。これに対して，定期試験は，教師自身が作成するために，（教師の）指導への影響というより，（生徒の）学習への影響が主たるものとなる。ただし，定期試験の作り手が教師自身でなく，同僚のものである場合は指導に影響を与えることもある。

　入学試験や資格試験などの大規模テストの結果は，人生を左右する可能性があり，それらのテストの「波及効果」はかなり強いが，定期試験や小テストなどは教室内テストと呼ばれ，それらの「波及効果」は大規模テストほど強くはないとされることが多い。しかし，定期試験や小テストは，実施頻度が高く指導と密接に結びついているために，1つ1つの強さは大規模テストほどではないかもしれないが，それらの蓄積を考えてみると，意外とその影響力は無視できない。特に，推薦入試の重要な資料となる内申書にとって，定期試験の結果が与える影響は大きい。となると，定期試験のあり方は，私たちが考えている以上に生徒に対して強い波及効果があると言えるかもしれない。それだけに，好ましい「波及効果」を生み出す工夫は重要である。逆に言えば，定期試験や小テストに問題があった場合，ネガティブな「波及効果」が想像以上に生じて

しまうことになる。

5.「実用性」

テストの作成に当たっては,「妥当性」・「信頼性」・「波及効果」の視点が重要であるということは,テストに関わるすべての人に共有されている考え方だろう。しかし,現実の場面では,「実用性」があるかどうかがテストの様々な側面に影響してくる。

「実用性」は,以下の4つにまとめることができる。

・作成が容易か

・実施が容易か

・採点が容易か

・結果の解釈が容易か

一般には,これらすべての観点で「実用性」の高いテストはないと言ってよいだろう。例えば,多肢選択式のQA問題によるリーディング・テストを作ろうと思えば,質問を作ったり,選択肢を作ったりと,かなりの手間と時間がかかる。しかし,このテストの採点は,客観的に行うことができ,その点では「実用性」は高い。それに対して,同じQA問題によるリーディング・テストでも,これが記述式の問題であれば,採点の時間と手間はかなりかかることになる。

また,スピーキング・テストをパソコン教室のパソコンで行えば,対面のスピーキング・テストに比べて,実施は容易だろうが,作成は対面式に比べてはるかに手間がかかるだろう。リスニング・テストも事前に録音・編集しておいて,一斉に実施すれば,テスト当日は手間はかからないだろう。しかし,これをテスト当日にライブで読み上げるなどすれば,事前の手間はかからないが,当日は大変である。

あるいは,クローズ・テストであれば,まとまりのある文章を探してきて,7±2語ごとに単語を削除して空所を作り,受験者に補充させるだけなので,もし正解を元の単語のみとして採点を行うのであれば,「実用性」はかなり高いだろう。ただし,このテストがどのような能力を測っているのかは,少なくとも一般の受験者にはわかりにくく,その意味で,

結果の解釈はしやすいとは言えないだろう。

　いずれにしても，すべての観点で「実用性」を備えていることがないとすると，そのときの状況に応じて，何を重視するかという判断を下すことが重要だ。例えば，試験前は学校行事で忙しいということであれば，作成の「実用性」を優先し，採点にはある程度時間をかけるであるとか，大人数の受験者にも関わらず，結果の提出の時間がかなり短いということであれば，作成に多少手間をかけても多肢選択式にして，採点はマークシートにして手間を省くなどという判断を下すことになる。

　大規模テストなどへのスピーキング・テストの導入が広がりを見せる中で，「実用性」の観点からの議論は常に起こるであろう。もちろん，こうした議論では，上に示したような時間と手間の議論だけでなく，費用の面も論点として加わってくる。さらに，ICT などの利用も，初期投資だけでなく，恒常的に継続するための費用がどれくらいかかるのかの視点も重要である。

第4章 多肢選択式テスト作成の心得

1. 多肢選択式テストは誰でも作れるわけではない

　多肢選択式テストは，作成には手間と時間がかかるが，採点は客観的で容易なために，多くの教師に比較的よく用いられている。実は，多肢選択式テストは，その作成には多少の専門的知識が必要なのだが，現実には，十分なトレーニングがないまま作成されているケースが多い。

　一般に多肢選択式テストというと1つの箇所に複数の選択肢がそれぞれ用意されているものであるが，日本のテストでは，選択肢がまとめてプールされていることがよくある。後者のようなテストは，作成が容易ではあるが，テスティング・ポイントが不明確となり，結果の解釈がきわめて困難となる。これまで「プール型」で作成してきているとしたら，それぞれの問題ごとに複数の選択肢をつける形に変更してみるとよい。ここでは，前者の一般的な多肢選択式テスト作成の心得をまとめる。

2. 多肢選択式テスト作成の心得

2.1. 選択肢の作り方

　多肢選択式テストでは，候補となる解答が複数与えられ，その中から受験者が選択することになっている。正解が1つの多肢選択式テストでは，それ以外の選択肢は誤答となる。この誤答の選択肢のことを，英語では distractor といい，これを日本語で「錯乱肢」と呼ぶこともある。

　実は，選択肢の作り方で，問題の弁別力が大きく変わってきてしまうことがあるので注意が必要だ。弁別力とは，能力のある受験者と能力のない受験者を弁別する程度のことを言うが，ときに能力のある受験者とない受験者の出来があまり変わらなかったり，ひどい場合はその関係が逆転したりしていることがある。

　それでは，いい選択肢とはどのようなものであろうか。まず，正解の選択肢とするものが真に正しい選択肢であり，それが唯一の正しい選択肢であるということである。これは，一見すると自明のことであるが，

正解が正解とは言えなかったり，正解以外にも正解とすることのできる
選択肢があったりするので，可能であれば，問題作成者以外の者による
検討の機会を設けるとよい。

　これに対して，「いい誤答の選択肢」とは，どのようなものであろうか。
教育的には，もちろんみな正解の選択肢を選ぶことができるのがいいこ
とに違いないが，テストとして「いい誤答の選択肢」というのは，能力
のある受験者には魅力的には見えないが，能力のない受験者は思わず選
んでしまう選択肢ということである。

　「いい誤答の選択肢」を作成するには，いくつかのポイントがある。1
つは，それぞれの選択肢を，選ばれる何らかの根拠があるものとすると
いうことだ。4択の問題で，1つの正解の選択肢と3つの誤答の選択肢
があった場合，鉛筆を転がして選ぶというようなランダムな選び方以外
で，どう間違うとこの選択肢を選ぶのだろうかと首をかしげてしまうよ
うな誤答の選択肢がある。こうした選択肢は能力のない受験者にさえも
魅力的ではなく，誰も選ばない選択肢となってしまう。

　こうした選択肢を作らないためには，リーディングやリスニングの多
肢選択式テストであれば，選択肢の内容がテキストのどこかに出ている
か，何かの理解を誤ると導かれる可能性があるという必要がある。また，
文法や語彙の多肢選択式テストであれば，同じ問題をオープン・エンド
な形で実施し，そこに出る誤答のうち，頻度の上位の解答を誤答の選択
肢とするという方法がある。また，未習の言語形式や単語などを含む選
択肢も，能力の低い受験者には魅力のない誤答の選択肢となってしまう。

2.2.　選択肢の長さを揃える

　多肢選択式テストでは，選択肢の長さを揃えるように注意したい。内
容理解に関する問題の選択肢では，正解の選択肢には多くの情報を盛り
込んで正確を期そうとするために長くなる傾向がある。しかしながら，
長い選択肢は目立つために，その問題で問うている知識や能力がない受
験者も選択する可能性が高くなってしまう。選択肢を書き終えたら，長
さのチェックを忘れないことである。

2.3. 正解の選択肢の位置

正解の選択肢が，例えば A ～ D のうちのどこに置かれているかというチェックも重要である。テスト作成者には，それぞれ「正解の置き癖」というものがあるので，注意が必要だ。「あの先生の正解はたいてい C だ」というような傾向があるとすれば好ましくない。問題がすべて出そろったところで，正解の選択肢の分布を確認し，もし特定の選択肢に偏っているようであれば，調整するとよいだろう。選択肢の位置の決め方としては，乱数表を用いる方法もあるが，選択肢が英語であればアルファベット順にしたり，日本語であればアイウエオ順にしたりという方法がある。数字や日時・曜日などが選択肢の場合は，受験者を混乱させないためにも，数字・時間の順がいいだろう。

2.4. 「正解／誤答くさい」言い回しは避ける

理解力を問う問題は，テキストなしで解答できる問題になっていないか確認するとよい。常識で選べてしまうような選択肢を作らないということももちろん重要であるが，「正解／誤答くさい」言い回しがないかという視点も重要である。例えば，sometimes, never, only, always などの語の使用は避けるようにと言われている。sometimes, some of the …, may … などの幅のある表現を含んだ選択肢は内容に合った選択肢である可能性が高く，never, only, always, all … などの断定的な表現を含んだ選択肢は内容とは異なった選択肢である可能性が高い。人間は内容を正確に反映しようとすると言葉遣いが慎重になり，「嘘をつこうとする」（つまり，「内容に合わない選択肢を作ろうとする」）と言葉遣いが断定的になるのかもしれない。

次の選択肢は，若林・根岸（1993: 116-117）からとったものであるが，これらはスペース・シャトルについて知っていれば正解を得られるだけでなく，選択肢ウとエは only があるために，テキストを読まなくてもきわめて「誤答くさく」見えてしまう。

第1部　テスト作成の心構え

ア．The Columbia has a set of wings.

イ．The Columbia can fly like an airplane but it can't land.

ウ．The Columbia can be used about ten times only.

エ．The Columbia carries only people into space.

オ．Space travel will be inexpensive by using the Columbia.

2.5.　選択肢に同じ語句を繰り返さない

まず，以下の文法問題を見てみよう。

Please (　　　) this music.

　A. listen to　　B. listen at　　C. listen about　　D. listen on

この問題では，すべての選択肢に listen という単語が含まれている。この listen は，いわゆるステムの部分（上の問題で言えば，Please … this music. の部分）に移動し次のようにすることで，よけいな読みの負担をなくすことができる。

Please listen (　　　) this music.

　A. to　　B. at　　C. about　　D. on

また，これによりテスティング・ポイントが明確になる。このような視点が適用できるのは，文法問題に限らない。リーディングやリスニングの内容理解問題でも，重要な視点となる。

2.6.　当てはまらないものを選ばせない

多肢選択式テストでは，「次の選択肢の中から，当てはまらないものを選べ」という問題を見かけることがある。このような問題でも，受験者はつい「当てはまるもの」を選んでしまうために，いわゆる「できる」受験者でも間違ってしまう確率が高くなる。したがって，当然問題の信頼性も下がってしまう。特別な事情がない限りは，このタイプの問題は避けるべきである。

29

2.7.　文法的に正しい選択肢とする

　文法知識を測定しようとしている誤文訂正問題などは別であるが，それ以外の場合は，選択肢はすべて文法的に正しいものでなければならない。次の問題を見てみよう。

An animal which has a long neck is a (　　　).
　　A. giraffe　　B. elephant　　C. rabbit　　D. rhinoceros

　この問題では，不定冠詞のaがついているためにBは文法的に排除されてしまう。語彙の知識を見たいのであれば，次のように書き換えるべきである。

An animal which has a long neck is (　　　).
　　A. a giraffe　　B. an elephant　　C. a rabbit　　D. a rhinoceros

2.8.　選択肢の数は4が基本，苦しければ3

　多肢選択式テストでは，選択肢の数をいくつにするかは悩みどころである。確かに選択肢の数が多ければ多いほど，当て推量による正解の確率は下がってくる。ただ，むやみに選択肢の数を増やしても，増やした誤答の選択肢がみな有効であるとは限らない。誰も選ばない選択肢というものも増えてくる。4択の問題であっても，誤答の選択肢が選ばれなければ，実質選択肢数が2程度ということもある（実質選択肢数の計算方法については，大友（1996）を参照）。実際，能力のある受験者は決して選ばず，能力がない受験者だけが選んでしまうような「いい誤答の選択肢」を3つも書くことは容易ではない。したがって，場合によっては，3択の多肢選択式テストとすることもあり得るだろう。また，テスティング・ポイントや学習段階によっては，そもそも4択ができないということもある。例えば，be動詞の現在形の使い分けを見るのであれば，am, are, is以外の形はなく，3択となる。

第1部 テスト作成の心構え

第5章 コミュニカティブ・テスティングへの挑戦

1. 『コミュニカティブ・テスティングへの挑戦』

　ここで，言語テスト研究の歴史を簡単に振り返る。言語のテスト自体はその必要性に応じて古くから行われていたと考えられる。よく知られたところでは，shibboleth という単語が，sh を発音できなかったエフライム人とギレアデ人とを区別するために用いられたとされる（Hughes, 2003）。この発音ができないだけで殺されてしまったのであるから，まさに「人生をかけたテスト」だった。

　「言語テスト」は，様々な形で行われてきたのだが，「言語テスト研究」の歴史となると，Lado, R.（1961）. *Language Testing: The Construction and Use of Foreign Language Tests*. London, Longman. の出版がその幕開けとされる。これ以前は有史前（pre-historic period）とされ，指導とテストは未分化であり，指導できればテストが作れると単純に思われていた。

　Lado の *Language Testing* により，言語テストは科学的研究の時代に入ったとされる。この時代は，客観テストの使用と統計的分析の適用が特徴とされるが，これには心理学分野の心理測定研究の発達によるところが大きい。この時代は，テスティング・ポイントを明確にする discrete-point test が推奨された。

　しかし，言語能力を分割して測定する discrete-point test は，その後 Oller (1979) によって，「全体は部分の総和よりも大きい」と批判されることになる。つまり，言語能力を分割して測定したものを足しても，実際の言語使用の能力にはならない，ということである。そこで，Oller は，クローズ・テスト（cloze test）やディクテーション・テスト（dictation test）という統合的テスト（integrative test）を提唱した。これらのテスト結果は，あらゆる種類のテストとの高い相関を示しており，その根底には単一能力（unitary competence）が存在することを示唆するとする単一能力仮説（the unitary competence hypothesis）を検証して見せた。

31

その後，1980 年代に入り，Oller の研究は様々な批判を受けることになり，今日では完全な単一能力から成るとする考え方は否定されていると言っていいだろう。テスト開発としては，クローズ・テストやディクテーション・テストといったテスト・タスクが実際のコミュニケーションとはかけ離れていたことも，批判の対象となった。

　1970 年代後半から，教授法としては「コミュニカティブ・ティーチング（communicative teaching）」が模索されていた。「コミュニカティブ・ティーチング」の実践者は，当初，言語の機能（function）や概念（notion）に関心があったが，次第にその関心は言語コミュニケーションそのものに移っていった。また，その過程で，オーセンティシティ（authenticity）の重要さが認識されるようになったことも見逃すことはできないだろう。オーセンティシティには，テキスト・オーセンティシティとタスク・オーセンティシティがある。

　テキスト・オーセンティシティとは，そのテキストの現実性の度合いを表す。授業では，学習用に書かれたテキストや録音されたテキストが用いられるが，これらのテキストは様々な点において現実のテキストとは異なる。どのような学習者でも，現実のコミュニケーションでは，オーセンティックなテキストを扱わなければならないことから，こうしたテキストの利用が奨励された。

　これと時を同じくして，従来の学習タスクはオーセンティシティが低く，現実のコミュニケーションを反映していないという批判が出てきた。文章を訳すことも，内容理解の質問に答えることも，空所に適語を入れることも，いずれも現実のコミュニケーションで行うタスクではない。現実生活のタスク（real-life task）を指導に組み込むことで，現実のコミュニケーション・プロセスを再現することができると考えられた。

　1980 年代に入り，「コミュニカティブ・ティーチング」が広まるにつれ，従来のテスト方法は機能しないのではないかという声が聞かれるようになった。授業で行っている活動と従来のテスト方法とがあまりにも乖離してしまったのである。そこで，この問題を解決するために開発され

たのが,「コミュニカティブ・テスティング（communicative testing)」である。これまでは，教授法とテスト法は独立して進化してきたのであるが，ここに来て初めて指導と評価に同じ名前が冠されることになった。

2. コミュニカティブ・テスティングとは？

　では，コミュニカティブ・テスティングとは具体的にどのようなテストであろうか。従来のテストと対比しながら，見ていく。従来の英語のテストの多くは，現実のコミュニケーションとはかなり異なったものであったと言える。

　よくあるライティング・テストを思い出してみよう。例えば，「あなたの好きなスポーツについて書きなさい」というような「自由作文」が出題されてきた。しかし，このような問題では，この文章を誰に向けて書くのかが明らかにされておらず，その文章を書く目的も不明である。現実の生活では，誰に読まれるか，何のために書いているのかわからない状況で，何らかの文章を書いたりすることはまずないだろう。つまり，こうした問題は，タスク・オーセンティシティが低いことになる。

　これに対してコミュニカティブ・テスティングでは，真のコミュニケーション能力を測るために，なるべく現実的なコミュニケーションをテストの中で再現しようとしている。文章を誰に向けて書いているのか，何のために書いているのか，テキスト・タイプ（text type）は何か，などをテストに明示することになる。では，コミュニカティブなライティングのテストの実例を見てみよう。

アメリカに帰国することになった Jill（ジル）先生にクラスで色紙を作り，渡すことにしました。解答欄の Hi, Jill. から Goodbye の間に，3 文以上の英文で書きなさい。ただし，全部で 10 語以上の語を使うこと。あなたの感謝の気持ちを伝えてください。
注：「. 」や「, 」,「? 」は語数に数えません。
　　I have a book. は 4 語と数えます。

（根岸雅史・東京都中学校英語教育研究会，2007: 44）

　この問題では，どういう状況で，誰に向かって，何のために英文を書かなければならないかが明らかになっている。こうした問題であれば，状況が明確なため，どのようなことを書かなければならないかが自然と決まってくる。また，何の目的もなく英文を書いている訳ではないので，生徒もより楽しく取り組むことができるだろう。

　同じ発表技能（productive skills）であるスピーキング・テストも同様である。つまり，コミュニカティブ・テスティングでは，話す活動を行う状況や目的を明示する必要がある。例えば，コミュニカティブな会話のテストでは，会話者の関係性は，大きく２つに分けられる。１つは，教師と生徒のように現実の人間関係をそのまま持ち込んでいる場合であり，もう１つは，テストでその場限りの関係性が与えられる場合である。前者の場合は，お互いは知り合いであるわけだから，その上で成立する現実の会話タスクでなければならない。名前を聞いたり，年齢を聞いたりするのは，現実的には意味がない。そこで，コミュニカティブ・テスティングでは，情報・好み・意見などの点でギャップ（それぞれ，information gap, preference gap, opinion gap）がある会話となるようなタスクの設定がなされる。それに対して，その場限りの役割が与えられるロール・プレイでは，「友達同士」や「教師と生徒」や「店員と

客」などの役割によるコミュニケーションで起こる可能性の高いタスク
が設定される。

　これに対して，リスニングやリーディングといった受容技能
（receptive skills）はどうだろうか。リスニング・テストでは，「これか
ら流れる英語を聞いて，その内容に合う記号を選びなさい」というよう
な指示をよく見かけるが，実際のコミュニケーション場面では，このよ
うなリスニングを行うことはまずない。どこからともなく，しかも，誰
が話しているのかもわからず，英語が流れてくるなどということはな
い。文脈もないので，聞く目的も不明である。一方，リーディング・テ
ストにおける，「次の英文を読んで，その内容に合う記号を選びなさい」
というような一般的な指示も同様である。楽しみのために読む小説にし
ろ，「楽しみのため」という目的があるだろうし，時代背景や書き手に
ついての情報も全くなく読むことは一般的ではないだろう。

　コミュニカティブ・テスティングでは，どのような文脈で，どのよう
な目的を持って，その英語を聞いたり読んだりするのかを明確にした上
で，その目的に合った，現実の生活で行うようなタスクをテスト・タス
クとして設定する。そして，そのタスクの成否が，言語理解の成否と考
えるのである。

3. コミュニカティブ・テスティングによる問題作成

　コミュニカティブ・テスティングという考え方に沿ったテスト問題作
りは，まずその発想法を知って，実例をたくさん見るということが肝要
である。日本人の英語の教師は，自身も英語学習者であったことから，
「英語のテストとはこういうものだ」という固定概念を持っている。し
たがって，コミュニカティブなテスト問題を数多く見ることで，世の中
にはこういうテストもあるのだというように思えるようになっていく。
そして，その中で，教師自身でもコミュニカティブなテストを作ってみ
ようと考え始めたりする。

　しかし，実はそれだけでは十分ではない。コミュニカティブ・テス
ティングにおける問題作りは，創造的な作業である。この作業を成功さ

せるには，日々のさまざまな努力が重要となってくる。まず，いいタスクを思いつくには，「生徒が普段英語を使ってどんなことをしているか」ということを常に意識していなければならない。また，外国語として英語を学んでいる日本のような環境では，教室の外で英語がコミュニケーション手段として常に用いられているわけではないので，「英語」での言語活動に限らず，「日本語」での言語活動も視野に入れておくべきだろう。その意味では，生徒の「生活全般」にアンテナを張っておく必要がある。

　また，本当の意味でのおもしろい，コミュニカティブな問題を作るためには，問題作成者としての教師自身が，日常的に英語をコミュニケーションのために使っている必要がある。授業のためだけでなく，日頃から自分自身のために，英語を読んだり，聞いたり，話したり，書いたりしていることが重要である。英語のレシピを読んで実際に料理を作ったとか，誰かに英文の手紙やメールを書いて返事をもらったとか，レストランで英語で食事を注文したというような経験が決定的に大事なのである。こうしたオーセンティックな英語使用経験を持たないと，本物らしい英語を書いたり話したりすることはできないし，いいタスクも思いつかない。

　最後に，かつての私のゼミでさまざまなライティング・タスクを試みたので，それらを紹介する。オーストラリアの博物館や水族館にメールを出して，質問への回答をもらったり，オーロラ・ツアーについての質問をカナダのホテルに送って，返事をもらったりした学生がいた（後日，この学生は実際にオーロラ・ツアーに参加したという！）。インターネットの質問コーナーに質問を出した学生は，たくさんの人から回答をもらった。英語学習のためのいいウェブサイトに関する質問には，"You seem to be pretty good at it already." などという返事をもらったが，きっと嬉しかったに違いない。また，学生の中には，書いた文章が曖昧であったために，相手から質問の意図を確認された者もいた。これなどは，教室の中で単に文法的な誤りを指摘されるより，はるかに文法的な正確さの重要性に気づかせてくれる体験であっただろう。私自身も英国

の女王陛下に手紙を書いて「侍女の方（lady in waiting)」から返事をもらったことや英国の KitKat のメーカーに手紙を書いて返事をもらったことなどは，今でも印象深い経験である。

　こうして実際に英語を書いて誰かに送ることで，相手から返事をもらうことができる。これは英語を学ぶものが（生徒のみならず教師も）共有する喜びであろう。こうした喜びの経験が，コミュニカティブなテスト作りにつながっていくのである。

　もちろん，ネットの向こうには現実の世界があるので，生徒にこうした活動をやらせる場合には，トラブルに巻き込まれないように十分注意しておく必要がある。また，相手によっては何度メールを出しても返事が来ないという「現実」もある。

　拙著の『コミュニカティブ・テスティングへの挑戦』にも，ここに紹介したような事例がたくさん掲載されている。また，こうしたテスト問題の実例のほかに，スピーキング・テストの実例，さらには言語テストの一般的な知識や，定期テスト作りの原則，テストの項目分析の結果なども入っている。テスト作りの参考にしていただければ幸いである。

　さらには，J. B. Heaton による *Writing English Language Tests New Edition.* Longman または，その訳書である『コミュニカティブ・テスティング』（研究社）もコミュニカティブなテストの実例が豊富である。また，ケンブリッジ大学の Cambridge English が開発・実施しているケンブリッジ英検などでもサンプル問題が公開されているので，そちらも参考になるであろう（http://www.cambridgeenglish.org/)。

4. 「パフォーマンス・テスト」をめぐる議論

　文部科学省が実施した平成 27（2015）年度『英語教育実施状況調査』（http://www.mext.go.jp/a_menu/kokusai/gaikokugo/1369258.htm）　では，中学校・高等学校における，「話すこと」及び「書くこと」における外国語（英語）表現の能力を評価するためのスピーキング・テスト及びライティング・テスト等の「パフォーマンス・テスト」の実施状況を調査している。その結果をざっくりまとめると，スピーキング・テスト

やライティング・テスト等の「パフォーマンス・テスト」の実施状況は中学校で9割以上，高等学校で3〜5割程度ということだ。中学などでは，意外と（?）「パフォーマンス・テスト」は行われているということになる。

　この調査では，「パフォーマンス・テスト」についての認識に差があるからか，次のような説明が付いている。

> ● 音読テストは，本調査においては，「読むこと」の技能を評価するものとし，スピーキング・テストに含めない。
> ● 「ライティング・テスト」は定期テストの出題も含む。ただし，学習指導要領に示す言語活動（「聞いたり読んだりしたことについてメモをとったり，感想，賛否やその理由を書いたりなどすること。」，「身近な場面における出来事や体験したことなどについて，自分の考えや気持ちなどを書くこと。」，「自分の考えや気持ちなどが読み手に正しく伝わるように，文と文のつながりなどに注意して文章を書くこと。」）に沿って各学年の学習段階を考慮した評価とし，語彙，語法，文法知識のみを問うような問題は含めない。

　しかし，中学校における実施の実態を詳細に見てみると以下のようになっている。

【実施する（実施した）各校の実施回数の合計を示している】

		（ア）	（イ）	（ウ）
スピーキング・テスト	スピーチ	12,808 (12,872)	12,264 (12,222)	11,602 (11,620)
	インタビュー（面接）	10,086 (10,096)	10,617 (10,361)	10,397 (10,182)
	プレゼンテーション	3,819 (3,959)	4,888 (4,625)	5,051 (5,080)
	ディスカッション	267 (254)	622 (581)	1,144 (1,376)
	ディベート	75 (77)	323 (292)	943 (823)
スピーキング・テスト総合計		27,055 (27,258)	28,714 (28,081)	29,137 (29,081)
ライティング・テスト（エッセイ等）		16,921 (17,293)	19,888 (20,046)	22,193 (22,575)
その他（※下記に詳細記述）		630 (615)	708 (724)	602 (611)

（ア）（イ）（ウ）は，それぞれ第1学年，第2学年，第3学年

　高等学校も同様の分布となっており，スピーキング・テストとしては，

「スピーチ」「インタビュー（面接）」「プレゼンテーション」が大多数を占めている。

　この調査では，これ以上の実態はわからないが，定期試験におけるスピーキング・テストということを考えると，「スピーチ」や「プレゼンテーション」などは，発表原稿などを準備して行うようなものであったり，「インタビュー（面接）」も，会話の暗唱テストかそれに極めて類似したものだったりする可能性がある。

　スピーキングのプロセスを大きく「何を話すかを考える」「それを言語化する」「それを音声として発する」という3つの段階から成ると考えると（Levelt (1989) は，これらを担当する部門をそれぞれ概念処理部門（conceptualizer），形式処理部門（formulator），調音処理部門（articulation）と呼んでいる），準備した「スピーチ」や「プレゼンテーション」や会話の暗唱テストという「インタビュー（面接）」では，「何を話すかを考える」と「それを言語化する」というはじめの2つの段階はすでに済んでしまっており，テスト場面では，覚えておいたことを発音するということだけが残っていることになる。したがって，そこには，まったく「即興」という要素はない。実際，「即興」で話す力を見る，様々なスピーキング調査の結果は，その到達度はかなり低く，定期試験の結果がこうした実態とかけ離れてしまっている可能性がある。だとすると，これは定期試験のあり方に重要な問題を投げかけていることになる。

　さて，本題に話を戻そう。「パフォーマンス・テスト」とは，本来どのように定義されているであろうか。

performance tests
In language tests, a class of test in which assessment is carried out in a context where the candidate is involved in an act of communication.

(McNamara, 2000: 135)

performance test
a test in which the ability of candidates to perform particular tasks,

usually associated with job or study requirements, is assessed

(Davies et al., 1999: 144)

　これらの定義からもわかるように，「パフォーマンス・テスト」の要件には何らかのタスク（あるいは，コミュニケーション行為）が含まれているのだ。

　McNamara (1996) によれば，パフォーマンスの判断基準により，ストロング・バージョンとウィーク・バージョンに分けられる。前者では，言語は目的そのものではなく，タスク遂行のための手段となっているのに対して，後者では，タスクは言語を引き出すための媒介にすぎず，タスクの成否は評価の焦点ではない。おそらく，日本の学校教育における英語のテストでは，多くの場合，後者のウィーク・バージョンが選択されることになるだろう。

　しかしながら，日本で行われている「パフォーマンス・テスト」には，このウィーク・バージョンの要件さえ満たさないものが少なくないのではないか。つまり，コミュニケーション行為としてのタスク自体が設定されていないものがかなりあると思われる。

　先に示した『英語教育実施状況調査』では，「スピーキング・テスト及びライティング・テスト等のパフォーマンス・テスト」として調査を行っている。このことから，文部科学省は，「パフォーマンス・テスト」とは，「スピーキング・テストとライティング・テスト」のことであると考えていることがわかる。これは，文部科学省が行っている，そのほかの英語教育に関する調査でも同様である。しかしながら，McNamara (2000) や Davies et al. (1999) の定義を見てもわかるように，パフォーマンス・テストはコミュニケーション行為としてのタスクが設定されているかどうかが本来の肝であり，「スピーキング・テスト」や「ライティング・テスト」であれば，自動的にその要件を満たすということではない。この意味では，「パフォーマンス・テスト」とは，まさにコミュニカティブ・テスティングの文脈の中にのみ成立するものであり，リスニングやリーディングを含みうるのである。

第1部 テスト作成の心構え

第6章 教科書の言語活動に合わせたテストを

1. 温故知新（？）

　次のページからの資料をご覧いただきたい。どちらも *NEW CROWN English Series 3*（三省堂）であるが，p.42 は昭和 56（1981）年度版の「まとめと練習」，p.43 は平成 28（2016）年度版の「USE Write」のページである。

　昭和 56 年度版の教科書は，本文ではアリスやケニアといったトピックを取り上げるなど，内容的にかなり先進的な教科書であったが，今回取り上げたいのは，本文の方ではなく，「練習」と「USE」である。昭和 56 年度版の「練習」は，一見して古色蒼然としている。並べ換えあり，空所補充あり，英文和訳あり，である。また，発展段階であっても，生徒の言うことは完全にコントロールされ，いわゆる「正解」は 1 つである。これに対して，平成 28 年度版は，機械的な（mechanical）言語形式の練習は Drill に，意味のある（meaningful）言語形式の練習は Practice に任され，「USE」は現実のコミュニケーションをなるべく反映しようとした，いわゆるオーセンティックなタスクとなっている。具体的に言えば，場面や状況を示す文脈があり，誰が誰に向かって話すのか，何を目的とした発話なのか，などが明確であり，また学習者ごとに表現する内容や表現が異なる，オープン・エンドなものがほとんどである。

　昭和 56 年度版から 30 年以上がたち，教科書の判型も大きくなったが，ページ割りもかなり変わっている。基本的なページ割りは，昭和 56 年度版では 3 年生で「本文」が 5 ページ，「練習」が 2 ページであるのに対して，平成 28 年度版は大きく変化している。いわゆる「本文」はなくなり，新出文法事項を導入する「ミニ本文」が 2 ページ（それぞれの下には Drill），それらの「Practice」が 2 ページ，「USE」が 4 ページとなっている。こうした教科書の変化は，*NEW CROWN* だけではなく，それ以外の教科書にも起こっている。

41

昭和56（1981）年度版　*NEW CROWN 3*　Lesson 7 まとめと練習

まとめと練習　Lesson 7

まとめ

1) 文のしくみについて考えてみよう。
   - *She* is Kate.
   - They call *her* Kate.
2) I will talk about something that is interesting.
   I will talk about something *interesting*.
   I will go to a place *called* Ginza.
   This is a picture of people *waiting* for buses.

練習

1. 次の文のかっこの中の語句を並べかえて，正しい英文を作ってみよう。
   1) We (Aki, call, her).
   2) He (calls, Kuro, the dog).
   3) My friends (Kei-chan, call, him).

2. 日本語の内容に合うように，かっこの中に1語を入れて文を完成してみよう。
   1) They (　) (　) Yumi-chan.
      (彼らは彼女を由美ちゃんと呼んでいます)
   2) I (　) a tall man the (　) to the library.
      (ぼくは背の高い人に図書館へ行く道を聞きました)
   3) We (　) our (　) a small present.
      (私たちは，母に小さい贈り物をあげました)

3. 下線の部分に注意して，次の文の意味を日本語で言ってみよう。
   1) I want to drink something cold.
   2) Do you want to eat something hot?
   3) He wants to talk to you about something interesting.

Lesson 7　まとめと練習

4. 絵を見ながら，例にならって対話をしてみよう。
   例　A: Is that place called Speakers' Corner?
       B: Yes. That's the place called Speakers' Corner.

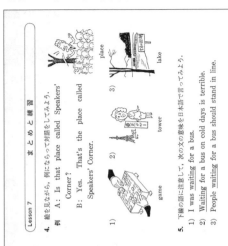

1) game　2) tower　3) lake place

5. 下線の語に注意して，次の文の意味を日本語で言ってみよう。
   1) I was waiting for a bus.
   2) Waiting for a bus on cold days is terrible.
   3) People waiting for a bus should stand in line.

発展練習 本文の内容について，次の問いに答えてみよう。
   1) (p.52 で) What did Mr. and Mrs. Bell call Keiko?
   2) (p.53 で) Is Cockney a kind of English which is spoken in New York?
   3) (p.54 で) What does Keiko think about old people in England?
   4) (p.55 で) Where can you make a speech on Sundays?
   5) (p.56 で) What does Keiko say about keeping the rules?

第1部 テスト作成の心構え

平成28（2016）年度版　*NEW CROWN 3*　Lesson 2 USE Write

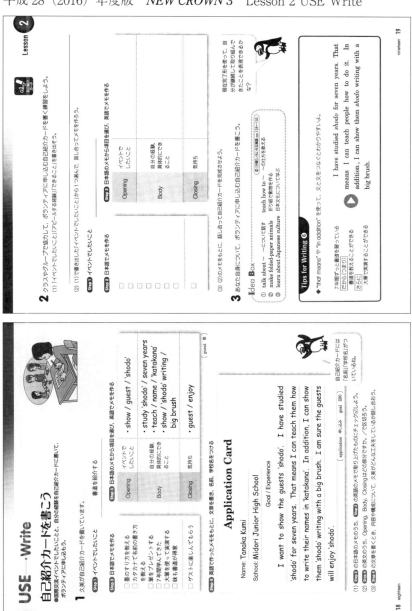

ここから見えることは，昔は言語活動が教科書には載っていないために，教師があれこれ工夫して教えなければならなかったということである。別の言い方をすれば，言語活動の「しばり（？）」がなかったので，自由に教えていたとも言える。これに対して，今日の教科書は，具体的な言語活動が載っており，教師はこれに従ってやればそれなりの授業ができるようになっている。ただし，教師の自由度は低く，創造的にやろうと思えば，教科書に用意された活動を無視するしかない。

　さて，昔の教科書の練習問題を見て気づくのは，それが今日の英語のテスト問題に酷似しているということだ。今日のテストが昔の教科書の練習問題を引きずっていると言える。また，昔は，テストがそのまま教科書の練習問題になっていたとも言えるかもしれない。いずれにしても，昔は，教科書の練習問題とテスト問題の形式が似ていたので，テストでこの種の問題が出ても，違和感はなかっただろう。

　しかし，この状況を今日の生徒の側から考えてみるとどうだろうか。教科書には，かつてのような「練習問題」はなく，オーセンティシティの高い言語活動がある。となると，授業の中では，顔の見える相手と一生懸命コミュニケーション活動をやっている。にもかかわらず，テストとなると，授業中にはやったこともない「並べ換え問題」や「空所補充問題」などが出てくるということになる。これらの問題は，英語の教師にとってはおなじみでも，生徒からすると目新しいものである。他にも，これまでに私が調べた中学校の定期試験問題における「書くこと」のテストでは，その9割で和文英訳問題が出題されているが，現行の検定教科書の中で和文英訳課題を載せている教科書は，おそらく存在しないだろう。

2. 解決の糸口

　では，このようなねじれた関係をどう解きほぐしたらいいのであろうか。この答えは，単純に考えれば，教科書が言語活動型となった今，実際に生徒が教室でやっている活動をベースにテストを作るというのが，もっとも整合性があるということになるのではないか。教師は，「英語

のテスト」に関する固定概念があるために，テストは旧来のテストの形式を採用してしまう傾向があるが，指導目標との整合性を考えると，最終目標とする言語活動からテストを発想した方がいいだろう。

　例えば，前掲の平成28年度版 *NEW CROWN 3* の Lesson 2 USE Write に対応するテストであれば，次のようなテストが可能となる。

あなたはこれから初対面の留学生たちとの交流イベントで，スポーツ大会を行うので，大会実行委員会に向けて，自分のスポーツ経験についての自己紹介カードを書いてください。参加したいスポーツや経験のあるスポーツがない場合は，ダンスをしたり，音楽を演奏したりといった応援に参加することもできます。

（想定される解答）
Name: OKAZAKI Genki

　　I want to play soccer. I have played soccer for ten years. I have scored seven goals this year, so I can help my team to win.

　これであれば，授業でやった活動がどのくらい定着しているのかを見ることができるだろう。

　このような問題では，教室活動や実際のコミュニケーション同様，「文脈」や「タスクの目的」などをテストの中に含めることが重要である。上は，書くことのテストの例であるが，他技能のテストも，教室や教科書の言語活動を元に，より整合性のあるテストが可能となるだろう。

　ただし，現実生活のタスクでは，言語形式に関して絶対的なしばりはないが，定期試験で，特定の言語形式をターゲットにしたい場合は，ある程度の制限を加える必要があるかもしれない。例えば，スポーツに関して自己紹介カードを書くのに，必ずしも現在完了という言語形式を使わなくてもいいだろう。できれば，文脈などで規定して，言語形式の使用も判断させて使わせたいが，場合によっては，特定の文法事項の使用を規定することも必要となるかもしれない。

第 **2** 部

テスト作成の
つぼ

第7章 リーディング・テスト

1. 英文は「既習」か「未習」か

　リーディングのテストは，ほとんどの定期試験で出題されている。それだけに，教師はあまり深く考えずにテスト作りを行っていることも少なくなく，いくつかの問題点も散見される。以下に，リーディング・テストを作成する際に必要な心得をまとめてみる。

　「定期試験のリーディング・テストの英文は，教科書から出す」という思い込みがある。教師が問題意識を持っているかどうかは別として，ほとんどの場合，教科書から出ているのが現状である。

　この問題の議論に当たり，テストの波及効果（教科書の英文をテストに出すことで，生徒に教科書を何度も読ませる効果）を期待して出すという点を別にすれば，既習の英文を出題し，その内容理解を問うというのは，多くの問題をはらんでいる。

　まず，既習であるために，読まなくても内容を知っているわけであるから，正解できたとしても，出題された文章の内容理解が本当にできるかどうかはわからない。その意味では，定期試験のリーディング・テストは「出来レース」のようなものである。また，内容が既習であるために，教科書の英文は総合問題として出題されており，よく見ると内容を問う問題がほとんどないという皮肉な現象も起こっている。英文が出ていても，リーディング・テストにはなっていないのである。

　こうした傾向の意味するところは，授業の目標が「その特定の英文を理解すること」になっているということである。しかし，本当にそれでいいのだろうか。本当にそれ「だけ」でいいのだろうか。

2. テキスト（文章）はどうするか

　だとすると，リーディングのテストで読解力を見るというごく当たり前のことを定期試験で実践するには，すでに習ったテキストを用いることは避けなければならないだろう。では，どのようなテキストを用いる

かとなれば，習っていないテキストということになる。具体的な方法としては，教科書のテキストとパラレルなテキストを作成する方法が考えられる。「パラレルなテキスト」とは，文章の構成などは同じだが，内容が異なっているテキストである。

この方法は，学年が上がって，テキストの内容がトピックを深く掘り下げたようなものになってくると，あまり応用が利かなくなる。「パラレルなテキスト」の作成が困難な場合は，他社の教科書の同様のリーディング・ポイントを含んだ箇所を参考にしてもいいだろう。ただし，この場合は，未習の単語や文法事項がないかどうかチェックし，未習のものは注をつけたり書き換えたりする必要がある。また，テキスト全体の読みやすさもある程度揃えた方がいい。

テキストの読みやすさは，教師が自分で読んで直感的に判断するだけでなく，リーダビリティ（readability）の計算などをして，客観的に確認することも必要だろう。テキストの読みやすさのことをリーダビリティというが，今日では，例えば Microsoft Word のオプションで「文章の読みやすさを評価する」を選んでおけば，英文の文章構成を終えると Flesch Readability Ease や Flesch-Kincaid Grade Level を算出してくれる。前者は 0 から 100 の間で算出され，100 に近いほど読みやすいことを示している。それに対して，後者はアメリカのどの学年に相当するかを示していて，こちらは逆に数字が大きいほど読みにくいことを示している。近年では，Lexile Measure という指標も用いられており，こちらはテキストの読みやすさだけでなく，読み手の能力も同じ尺度上に乗っているので，生徒のレベルがわかっていれば，それに応じたテキストの選択も可能となる。こちらは，Lexile Measure のウェブサイト（https://www.lexile.com/）で登録をすれば，定期試験に使う程度の長さのテキストであれば計算してくれる。ちなみに，根岸（2009）では，Lexile Measure による中高大の英語教科書の テキスト難易度を調べており，とりわけ高等学校では教科書の文章レベルと学習者の読みのレベルに大きなギャップがあることがわかっている。こうした実態を考慮するならば，「パラレルな」テキストの決定において，読めるようにする

べきテキストのレベルの設定には慎重でなければならないだろう。つまり，様々な助けを借りてやっと読めているような教科書と同じレベルのテキストを定期試験に用いてしまえば，ほとんどの生徒にとって読めないテキストになってしまう可能性があるということだ。

さらに重要なことは，テキスト・タイプの整合性である。物語文を授業で読んでいたのに，いくら文法・語彙が同じものが使われていて，トピックも類似しているとしても，リーディング・テストのテキストが会話文では整合性があるとは言えないだろう。

定期試験では，実は意外なほど内容理解問題の出題が少ないのだが，これは既習のテキストをテストに使用しているためであろう。テキストがあり，それにいくつもの問題がぶら下がっているために，一見すると読解問題に見えるかもしれないが，よく見るとテキストの内容理解を問う問題が含まれていないことも少なくない。これはいわゆる「総合問題」である。注意をしなければならない。

3.「会話」は読むものか

中学校の定期試験や高校入試問題を見ると，「会話文」の読解問題が出題されていることがよくある。当初は，リーディングの問題なのになぜ「会話文」を読ませるのか私にはよく理解できなかったが，いろいろ調べてみると，教科書の「本文」には「会話文」があり，これをもとにテストを作るので「会話文の読解問題」となってしまうということがわかった（高校入試問題はこの延長で出題されていると思われる）。現行の教科書の「本文」を見ると，実にたくさんの会話文があることに気づく。しかしながら，現実の生活の中で「会話文」を読むことは多くないだろう。確かにインタビュー記事や劇の台本などでは「会話文」を読むことはある。ただ，これらを読む可能性は，他のタイプの文章を読む可能性に比べればはるかに少ないだろうし，教科書に載っているような「会話文」の多くは，インタビュー記事や劇の台本などとはまるで異なるものである。

リーディング・テストの作成にあたっては，生徒が実生活で読みそう

なテキスト・タイプから文章を選ぶべきであろう。そうすることで，オーセンティックなタスクが作りやすくなる。「会話文」というテキスト・タイプを読むことが現実の生活では起こりにくいとすると，それに伴う現実的なタスクを考えることは難しい。

　この考え方は，リーディングの CAN-DO リストの作成においても当てはまる。独自に作られた CAN-DO リストの中には，読むべきテキストが「英文」としか書かれていないものがある。CEFR の CAN-DO ディスクリプタでは，基本的にテキスト・タイプが書かれている。CEFR は行動中心主義に基づいて作られているために，具体的なテキスト・タイプが書かれていることで，単に動詞の部分が「読める」となっていても，それぞれのタイプのテキストを現実の場面で読むときの読み方を示唆している。例えば，「時刻表を読む」も「広告を読む」も「説明書を読む」も「小説を読む」も，みな同じ「読む」であるが，実はそれぞれに読み方はまるで違うだろう。

4. どのような「質」の理解を問うか

　読解問題を作るにあたり，どのような「質」の理解を問うているかに関して，あまり意識が向いていないことが多いのではないか。とにかく文章を持ってきて，そこから問えることを場当たり的に次々作問していく，という具合である。この場合，どのような「質」の理解を問うかは，その文章によって大きく左右されてしまう。

　読解問題が問うている理解の「質」としては，いくつかのものが考えられる。よく用いられるメタファーとしては，read the line / read between the lines / read beyond the lines というような分類がある。具体例を見てみよう。以下は，平成 18（2006）年度版 *NEW CROWN English Series 3* の Lesson 7 "A Vulture and a Child" の文章である。

> Sudan is a large country in northeast Africa. It is a country with great promise. But it also has great problems.
>
> In 1993 the people of Sudan suffered from war and hunger. Few people knew about this. Kevin Carter went there to work

as a photographer. He wanted the world to see the problems of Sudan.

One day Carter saw a child. She was lying on the ground. He knew why the child was there. She was so hungry that she could not move.　Suddenly a vulture appeared. He took this photo.

The photo appeared in newspapers all over the world. It made him famous. He won a Pulitzer Prize for it.

平成 18（2006）年度版　*NEW CROWN 3*　Lesson 7 "A Vulture and a Child"

　このような文章の読解問題で，例えば Where is Sudan? というような問題を出したとしよう。この問題には，冒頭の Sudan is a large country in northeast Africa. という 1 文を読めば解答できてしまう。このような問題を read the line タイプの問題と呼ぶ。

　一方，What made Carter famous? という質問に対しては，The photo appeared in newspapers all over the world. It made him famous. という部分を読んで，it が the photo を指していることを理解して解答しなければならない。このような問題を read between the lines タイプの問題という。通常，read between the lines というのは「行間を読む」ということで，書かれていない内容を推測することをいうが，この分類では，複数の文にわたる理解を問うような問題のことをいう。

　また，Why did Carter take this photo? というような問題を出したとすると，これに対する答えは直接的に書かれているわけではないので，文章全体を読んだ上で推測して解答する必要がある。このようなタイプの問題を read beyond the lines タイプの問題という。

　自分の作った読解問題がどのような「質」の理解を問うているかを知るには，上で見たように，その問題に解答するために文章のどの部分を読み，それをどのように理解できるとその問題に正解するのかを自分でモニターしてみるといい。読解問題では往々にして，表面的な読みを問う問題（read the line タイプ）が多くなる。まず，そのリーディング・テストの目的を確認し，その目的に合ったタイプの出題を心がけるべきである。「読むこと」の指導目標が「概要理解」であれば，文レベルの

理解を問う問題ではだめである。

5. テキストの長さに関わる問題

　リーディング・テストを作る場合，どのような長さのテキストにする
かも悩ましい問題である。すべてのテキストを時間内に読み終えること
ができるかどうかということは，多くの教師が意識しているだろうが，
テキストの長さは測ろうとしている読みのタイプとも関わってくるだ
ろう。文レベルの理解を問うだけであれば，実は長いテキストは必要な
い。それに対して，概要を問うということであれば，ある程度の長さが
必要である。このテキストの長さに関して，CEFR では次のように書か
れている。

> *length of text*: in general a short text is less demanding than a long
> text on a similar topic as a longer text requires more processing
> and there is an additional memory load, risk of fatigue and
> distraction (especially in the case of younger learners). However,
> a long text which is not too dense and contains considerable
> redundancy may be easier than a short dense text presenting the
> same information

(Council of Europe, 2001: 166)

　また，テキストの本来的なまとまりの長さはある程度決まっている
だろう。さらに，複数のテキストを読み比べるということもあるだろ
う。とりわけ，中学生を対象としたリーディング・テストでは，文章
が比較的短い。それと同時に，その短い文章に複数の問題が「ぶら下
がっている」ことが多い。そのために，1 つの問題が別の問題の答えを
示してしまっていることがある。これを「問題同士が依存している」と
いうが，こうした設問作りは避けなければならない。例えば Did Yumi
go to Okinawa? という問題があり，その後で What did Yumi buy in
Okinawa? という問題があると，後者の問題から，ユミが沖縄に行った
ことは自明であろう。このような依存を避けて，1 つの文章に 1 つの
問題しかぶら下げないというやり方も検討してみてもよいだろう。こ

うしたタイプの出題方式を short context technique と呼ぶこともある
(Jafarpur, 1987)。

6.「テキスト選び」と「問題作り」どちらが先か

　「リーディング・テストの作成では、テキストを選んでから問題を作る」という思い込みもある。定期試験でリーディング・テストを作るときには、まずは英文を試験範囲から選択し、そこから何が問えるかを考え、質問を作っているのではないか。あるいは、試験範囲の中で、色々なことを問えそうな英文を探しだし、それから具体的な作問に入るということもあるかもしれない。いずれにしても、リーディング・テストは、テキスト探しから始まっている。

　しかし、世界の様々なテスト開発機関においては、逆にテキストを決める前に問題がほぼ決まっているというのが、「常識」と言っていいだろう。私がリーディング・テストの作り方に関してこのことに気がついたのは、日本の英語入試問題と海外の英語能力テストを分類していたときであった。海外の多くの英語能力テストでは、どの回のテストであってもほぼ同じような質問が繰り返されている。それに対して、日本の入試問題では必ずと言っていいほど、毎回異なった質問がなされている。よく言えば、日本のリーディング・テストは独創性に富む。しかし、別の見方をすれば、たまたま選んだテキストの特性により、問題作りが大きく左右される「日替わり定食（仕入れに左右される）」のようなテストで、リーディング力をどう捉えているか見えてこない。

　言語テストの文献には、よく test specifications（テスト・スペック）という用語が出てくる。これは、テストの設計図のようなもので（テストのブルー・プリントと呼ばれることもある）、そのテストの作り方が詳細に書かれている。例えば、リーディング・テストでは、テキストの長さ、内容、言語的難易度やテキスト・タイプなどが規定されているが、同時に、測定するリーディング・スキルも規定されている。いくつかの具体例を Heaton (1988: 106) から引用する。

第2部　テスト作成のつぼ

- understand explicitly stated information
- understand relations between parts of a text through both lexical devices and connectives
- perceive temporal and spatial relationships, and also sequences of ideas
- understand conceptual meaning
- anticipate and predict what will come next in the text
- identify the main idea and other salient features in a text
- generalise and draw conclusions
- understand information not explicitly stated
- skim and scan (looking for the general meaning and reading for specific information)
- read critically
- adopt a flexible approach and vary reading strategies according to the type of material being read and the purpose for which it is being read

(Heaton, 1988: 106)

　測定するリーディング・スキルとそれぞれの測定方法が決まっているのであれば，問題を先に作ることもさほど難しいことではない。

　例えば，東京都中学校英語教育研究会の「英語コミュニケーション・テスト」は，かつてこの考え方に近い方法でリーディング・テストを作成していた。その特徴的な実例を挙げれば，文章の最後に適する文を選ばせたり，文を並べ換えさせたりする「文章構成理解問題」，指示代名詞が何を指すかを選ばせる「指示代名詞問題」，文章にふさわしいタイトルを選ばせる「タイトル選択問題」等の他に，「概要理解問題」や「詳細理解問題」などがある。

7. 常識の裏側

　では，なぜこのようなリーディングのテスト作りが，日本の学校では行われないのであろうか。その原因は，おそらくリーディング指導の意

55

識と関わっている。リーディングの指導において，教科書の英文の内容理解以外の目的が存在しないからではないか。教科書の中の英文は，文法などの学習事項を文章の中で提示するためのもので，リーディング・スキルを身につけるためのものではない。

　実は，海外の中学校英語教科書と日本の中学校英語検定教科書を比較してみると，日本の教科書にはリーディング・タスクが極めて少なく，種類も限定的であることがわかる。このことは，日本では，伝統的にリーディング・テキストの内容理解に関する指導は，教師に任されてきたということを意味している。しかし，その指導は往々にして，その場その場の文レベルの理解を中心とした指導であり，英語のリーディングに必要なスキルを包括的にカバーしたものではない。おそらく，スキルが教科書の中で明示的なタスクとして示され，スキル・シラバスのようなものが提示されていれば，教師もそれを意識するのだろうが，現実はそうなっていない。

8. 結語

　これらの問題は，結局のところ，リーディングの指導観の問題に行き着く。リーディングに関して，何を教えるのかという明確な目標がないのである。これが明確になっていれば，授業で扱った英文そのものの理解だけが最終目標とはならないはずだ。どのような読みの力をつけたいかということが明確になれば，それが指導目標に反映され，指導自体も変わってくるであろう。この指導目標があれば，リーディング・テストの問題もそれを反映したものとなるはずだ。

　もちろん，波及効果を考えれば，教科書の英文をそのまま出すということがあってもよいかもしれない。しかし，そうした問題ばかりでは，本来目指したリーディング・スキルを包括的に測ることは容易ではない。常識を一度疑ってみることで，授業もテストも，きっとこれまでとはまるで異なった景色になるだろう。

第2部 テスト作成のつぼ

第8章 リスニング・テスト

1. リスニング・テストの音声素材はどう作る

　リスニング・テストの音声素材はどう作っているだろうか。そもそもリスニング・テストを自作しているだろうか。これまで私が見てきた定期試験問題の中には，かなりの比率で市販のテスト問題を切り貼りして作ったと思われるものがあるが，こうした問題は，往々にして教師の指導とかけ離れてしまっている。定期試験とは，教師が自身の指導目標に照らして自作するのが基本だろう。

　リスニング・テストにおいては，まず受験者に何かを聞かせなければならない。このため，一般的に英語の教師はリスニング・テストを自作する場合，スクリプトを書いているだろう。しかしながら，本来話されるものを「書く」というのは思ったほど易しいことではない。とりわけ自然な会話を書くというのは，難しい。実際，自作の定期試験問題の中には，どのような人たちが話すとこのような会話になるのかと首をかしげたくなるものもある。スクリプトを書き始める前に，どのような人物がどのような場面で何のために話しているのかを明確にしておくとよい。そうすることで，会話はより自然に展開していく。

　リスニング・テストのスクリプトを見て，実際の会話ととりわけ異なると思われる点がある。実際の会話では，会話者はコミュニケーション・ブレークダウンが起こらないように最大限の努力を払うものだが，テストではなるべく聞き手に「いじわるに」会話が展開されるようになっていることが少なくない。例えば，実際の会話では，電話番号や住所などは何度も確認して正確を期す（場合によっては音の聞き間違いのないように "M as in Mary" のような確認さえある）が，テストとなると1度しか言っていなかったりする。

　その他，自然会話では，well, er, you know, let me see, I mean などのフィラー（filler）があったり，繰り返しや言い直しがあったりする。また really や oh などの語も適宜入り，会話はいきいきとしている。

57

教師としては，どれもなじみのものかもしれないが，意外とスクリプトを書く段になると忘れがちである。

　しかし，考えてみれば，何もスクリプトを書かなければならないわけではない。何かのオーディオ CD から素材をとってくることも可能であろうし，インターネット上の様々な音源を使うこともできるだろう。ただし，このような場合でも，指導目標との整合性や英語のレベルは確認すべきである。

　音源の作成にあたり，ALT を利用する手もある。ALT の利用となると，音声を吹き込んでもらうことがすぐに頭に浮かぶが，スクリプトを書いてもらったり，自分で書いたものを見てもらったりすることもできる。より進んだ利用方法としては，ロール・プレイング・カードを使ってスクリプトなしで即興で演じてもらう方法もある。この方法だと，言いよどみや繰り返しが自然に出てきやすい。

　こうして収録した音声は，パソコンで編集することになる。編集は，Audacity（http://www.audacityteam.org/）などのフリーの音声編集ソフトを使うことで，自由に編集できる。よく使う指示文などは，保存しておけば，その度に録音しなくて済む。ただし，編集したものの最終確認は必要だし，どの媒体で書き出すのかを確認した上で，その媒体での出力に問題がないかチェックし，その媒体での音量はどの程度にするかなどを確定しておくといいだろう。

2. リスニング・テストのタスクはどう作る

2.1. 文脈の必要性

　リスニング・テストでは，「これから流れる英語を聞いて，次の質問に答えなさい」というような問題がよくある。これはリスニング・テストとしてはありふれた問題だが，現実の世界では，このようにどこからともなく聞こえてくるようなリスニングはありえない。どのような場面で，誰が話しているかもわからない状況で行われる，自分と関係ない会話の中身を細大漏らさず聞き取らなければならないのである。だとすると，このような「真空状態でのリスニング」は，現実世界にはな

いよけいな負荷を生徒にかけていることになる。ただでさえ文脈から切り離されているテストにおいては，場面や話者，聞く目的などについての情報を指示文に盛り込んでおくとよいだろう。次の例は，GTEC for STUDENTS のリスニングのサンプル問題である。

> パートC　Core タイプ
> あなたはカナダに留学中です。明日，あなたの留学先の学校で，文化祭が行われる予定です。文化祭の準備について，クラスメートのジェニーが説明しているので，聞きなさい。

http://www.benesse-gtec.com/fs/about/ab_listening

※ Copyright © 2017 Benesse Corporation「GTEC」

ただし，こうした指示文は，長く複雑になりがちなので，文脈を形成しながらも，簡潔にする必要がある。

2.2.　タスクはどう作る

英語のリスニングの能力を測るとなると，受験者に英語の音声を聞かせて，その理解を問わなければならない。したがって，リスニング・テストには,「音声テキスト」と「タスク」が必要であるということになる。

リスニングという行為は，音声言語を聞いて理解をするというものである。したがって，このプロセス自体は，発表技能と異なり，外からは観察することができない。このために，リスニングによる理解が正しく行われたかどうかは，何らかの方法で，その理解の結果を外に引き出さなければわからない。その引き出す手段が，リスニングテストのタスクである。

リスニングのタスクの作り方は，大きく分けて，2つある。1つは，その音声テキストを聞く現実の場面で実行するようなタスクをテストに再現するものである。もう1つは，そうしたタスクの再現がかなわないような場合に，理解を反映するような非現実的な，いわゆる「テスト・タスク」を課すものである。

現実のタスクを設定するに当たっては，その音声テキストを聞くときに,現実の生活でどのようなタスクを行うか考えてみるとよい。例えば，

誰かの住所を電話で聞き取る場合などは，その住所を手帳に書き取ったりするだろう。こうした場合は，住所を書き取るというタスクを設定するのである。また，授業を聞いているような場合は，ノートをとったりするだろう。こうした場合は，このノート・テイキングというタスクを設定するのである。こうすることで，当該の音声テキストの理解において求められる言語処理をテストにおいて再現することが期待できる。

　これに対して，どこかへの道順を聞き取るような場合は，実際の生活で行う行動は，目的地に向かって歩いて行ったり，車で行ったりするだろう。また，天気予報を聞くような場合の行動は，自分の関心のある地域（自分の住んでいる街や自分が訪れる街など）と日時の天気を聞き取って，その天気に相応しい服装をしたり，必要な持ち物を持ったりすることである。しかしながら，こうした行動をテスト場面で受験者に実際にやらせることは，ほとんど不可能である。そのため，このようなタスクの場合は，受験者に地図上で行き方を再現させたり，服装や持ち物を書かせたり，選択肢の中から選ばせたりすることが，テスト・タスクとなるだろう。

以下は，GTEC for STUDENTS のリスニング問題におけるタスクである。

> あなたはカナダに留学中です。明日，あなたの留学先の学校で，文化祭が行われる予定です。文化祭の準備について，クラスメートのジェニーが説明しているので，聞きなさい。
>
>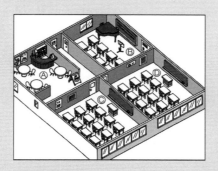
>
> あなたはジェニーをどこで待つか

http://www.benesse-gtec.com/fs/about/ab_listening

※ Copyright © 2017 Benesse Corporation「GTEC」

現実場面であれば，クラスメートのジェニーの話を聞いて，どこかで待つという行動をするわけであるが，このテストでは，その待つ場所を絵の中から選択することになっている。

上述のようなリアル・ライフ・タスクとセミ・リアル・ライフ・タスクなどは，言語テストとしてはかなりオーセンティシティが高いと言えるだろう。しかしながら，その一方で，現実の生活のリスニングの中には，音声を聞いても，外から観察可能な何かの行動を取り立てて起こさないということも少なくない。例えば，一人でテレビやラジオのニュースを聞いていても，ただ聞いているだけで，その理解を反映するような行動は特に起こさないだろう（もちろん，その間にコーヒーを飲んだり，何かを食べたり，言語理解とは特に関係のない行動は起こすかもしれないが）。このような場合には，頭の中で行うようなタスクをテストとして課すことがある。この種のオーセンティシティは，認知的・心理

言語学的オーセンティシティ（cognitive/psycholinguistic authenticity）
と言われたり（McNamara, 1996），相互作用的オーセンティシティ
（interactional authenticity）と言われたりする（Bachman, 1990）。具体
的には，ニュースであれば，「いつ」「どこで」「何が起こった」かを頭
の中でチェックしているだろうし，ある程度なじみのあるトピックにつ
いてのニュースであれば，自分の持っている情報と新しい情報を比較し
たりするだろう。ドラマであれば，場面をイメージしながら，頭の中で
話の筋を追っているだろう。

　こうしたときには，話された内容を別の言葉に「置き換えた」ものと
の一致・不一致を問うことになる。いわゆる TF や多肢選択式の QA な
どがこれに当たる。これが別の英語表現への言い換えの場合もあるし，
日本語への言い換えの場合もある。これらの方法は，一長一短があって，
別の英語表現への言い換えの場合は，その同義性が問題になるし，日本
語への言い換えの場合は，同義性の他にコードスイッチングが問題に
なったりする。特にリスニングの場合は，メッセージが一瞬で流れてく
る。これらの負荷は本来のリスニングとは関係のないものなので，選択
肢を短くするなどして，できるだけ減らす必要がある。

2.3.　どのような理解をタスクで問うか

　非現実的なテスト・タスクとしては，多肢選択式や TF 式などによる
内容一致問題が代表的だろう（これらが「非現実的」なのは，現実の生
活の中では，行うことがない行動だからである）。こうした方法はテス
ト方法としてはなじみがあるために，安易に採用されがちであるが，注
意が必要である。これらの問題を作るときに陥りやすいのは，リスニン
グのどのような理解を測定するかという明確な意識のないまま，内容理
解を問う問題を作ってしまうことだろう。しかし，そのような問題への
解答結果を見ても，リスニングのどのような力を持っているのかわから
ない。

　タスクのオーセンティシティを高めると，それが問う理解のレベル
は，もっとも自然な理解のレベルとなることが期待される。しかしなが

ら，現実生活で目に見えるようなオーセンティックなタスクを実行しない場合では，非現実的なテスト・タスクに頼るしかないが，そのような場合は，どのような理解を狙っているのかを明確に意識しながら問題作りを行わなければならない。

　どのような問題がどのようなリスニング理解を測っているのかを知るためには，これまでに作ったリスニング問題や既存のリスニング問題などを見て，それらがどのようなプロセスで解答可能となるかを1度考えてみるといいだろう。音声テキストのどの部分をどのように理解できるとその問題が解答できるのかを考えるということだ。こうした経験をもとに，新たにリスニング・テストを作ったときには，同様のシミュレーションをすることができる。そうすることで，本来ねらっていた能力をそのテストが測っているかがある程度わかるだろう。

　聞き取るべき箇所も，1カ所だけを聞き取ればいい場合と，いくつかの箇所を聞き取って統合しなければならない場合とがある。また，それらの箇所の理解も文字通りの理解でいい場合と，行間を読んだり発話意図を推察したりしなければならない場合とがある。例えば電話番号や時刻の聞き取りは，特定の箇所を文字通り理解すればよいのに対して，短いストーリーの聞き取りというようなものであれば，部分の聞き取りでは済まずにある程度全体的に理解し，場合によっては，登場人物の心情なども理解しなければならない。こうした確認を行っておくことは，テスト問題の作成のみならず，指導を考える際にもとても重要なことである。

2.4. 「概要や要点」の聞き取りをどう問うか

　平成20（2008）年告示（平成24（2012）年施行）の『中学校学習指導要領』では，「まとまりのある英語を聞いて，概要や要点を適切に聞き取ること」という指導事項が「言語活動」に新たに加えられた。また，平成29（2017）年告示（平成33（2021）年施行）の『中学校学習指導要領』では，「聞くこと」の目標は，次のように示されている。

イ はっきりと話されれば，日常的な話題について，話の概要を捉えることができるようにする。

ウ はっきりと話されれば，社会的な話題について，短い説明の要点を捉えることができるようにする。

　では，「概要」や「要点」の聞き取りはどのようにテストしたらよいのだろうか。「概要」と「要点」の定義は必ずしも簡単ではない。以下に，その定義を試みる。まず，「概要」とは，「話されたことのおよその内容」であるから，どれか１つだけの重要な点というより，話の全体像を伝えるようなある程度のまとまりのある内容ということになる。誰かが，見た映画の内容を話しているような場合は，概要を聞き取ることになるだろう。

　これに対して，「要点」といった場合には，２種類の「要点」が考えられる。１つは，「話し手が伝えようとしている最も重要な点」である。例えば，待ち合わせをしている相手が電話をかけてきて，「その日は来られなくなった」と伝えたとする。この場合は，それ以外のことも話していたとしても，「要点」は「待ち合わせには来られない」ということになる。

　もう１つの「要点」は，「聞き手が必要としている点」ということになる。例えば，典型的には空港でのアナウンスを聞くような場合だ。空港のアナウンスでは様々な行き先のフライト情報が流れるが，こうした放送を聞くときには，一般的な聞き手であれば，すべてのフライト情報をまんべんなく聞き取ることはせず，自分のフライトの情報だけを聞き取るだろう。

　一般には，前者の要点の方が後者の要点に比べて，難易度が高い。それは，後者の要点の聞き取りでは，聞き取ろうとする要点を絞って待っていて聞き取ればよいが，前者の聞き取りでは，話の全体を聞いた上で，主要な情報と些末な情報とを区別して聞かなければならないからだ。ある意味では，全体の概要理解の上に成り立つ技能と言ってもいいだろう。

　これらの違いを意識しながら，指導目標と照らし合わせて，リスニン

グのテスト問題の作成に当たるとよい。

3. リスニング・テストの弁別力

　第3章に書いたように，弁別力は，その項目が能力の弁別にどれだけ役立っているかを示している。もちろん弁別力は高ければ高いほどいいわけだが，ここではこれまでの私の経験に基づいて，どのような項目がリスニングのテスト項目として高い弁別力を持つ傾向にあるかを紹介しておく。

　以下では，多肢選択式の内容理解問題における弁別力について考える。まず，弁別力が低くなってしまうのは，スクリプト中のキーワードがそのまま正解の選択肢となっている場合である。このような問題では，聞いた英語をそれほど深く理解していなくても正解できてしまうため，できる生徒とできない生徒の弁別はうまく行われない。これに対して，スクリプトに含まれていて，はっきり聞き取れるような単語がそのまま誤答の選択肢になっており，正解の選択肢がスクリプトには含まれない単語で構成されているような場合には，弁別力は高くなる。もちろんこうした問題作りは，入門期のテスト作りにはあまりあてはまらないかもしれないが，学習段階が進んだところでは考慮に入れるとよいだろう。このほか，英語を理解できていなくても常識で答えられてしまうような問題や，問題同士が依存していて，片方ができるともう片方も自動的に正解できてしまうような問題などは，弁別力が高いとは言えない。

第9章 ライティング・テスト

1. ライティング力を見る観点

　今の日本の学校英語教育で求められているライティング力とは何であろうか。この点について，学習指導要領を見れば，「書くこと」の指導対象としては，英語のライティングの最も基本的な部分からある程度まとまった長さの文章が書けるところまでが想定されていることがわかる。したがって，ライティング力としては，英語の文字や単語を書く力，文を書く力からパラグラフを構成したり，文章全体を構成したりする力などが含まれると考えられる。

　入門期のライティングにおいては，文字・単語・文のレベルでの「正確さ」が重視されるのは当然であるが，ある程度学習が進んだならば，「書く量」に目を向けることも重要になるだろう。英語教育では，「正確さ」と「流暢さ」がしばしば重要な概念として挙げられるが，ライティング・テストにおいては「すらすら書いている様子」が観察できるわけではないので，結局ある時間内にどれだけ書けているかが「流暢さ」の間接的な指標になると考えられる。もし「正確さ」だけがいつも評価対象となり，「量」が全く評価対象となっていないとすれば，ある意味で，構成概念妥当性に欠ける（本来測るべき能力を測っていない）ということになるかもしれない。

2. 和文英訳偏重の影響

　中学・高等学校の英語の定期試験問題を見てみると，ライティング・テストのレパートリーがきわめて限られていることがわかる。これまでに収集した定期試験を見ると，まだまだ多くが和文英訳で，残りが「〜について書け」式のいわゆる自由作文である。

　和文英訳への偏重が学習にもたらす波及効果を考えてみよう。和文英訳では，書く内容が与えられているので，「何を書くか」や「文章構成」は問題とならない。また，内容が規定されているので，書く長さもほと

んど規定されていると言える。もちろん，正確さが重要視される入門期
では，正確に書く力を見るための和文英訳テストは便利な手法かもしれ
ない。しかし，これほど圧倒的に和文英訳テストに偏ることによって，
正確さと同様に重要な「たくさん書く力」や「何を書くかを考える力」
などはないがしろにされている可能性がある。ライティング・テストが
和文英訳となっているせいで，指導や学習においても，どれだけたくさ
ん書けるかや何を書くかを考えるプロセスはなくなってしまっている。

3. ライティング・テストのレパートリー

　どのようなテスト・テクニックでもそうだが，レパートリーが偏れば，
テストで見えてくる能力も偏ったものになる。また，レパートリーが少
なければ，見ようとする能力と出題方法との相性について改めて考える
ということもなくなってしまうだろう。和文英訳と自由作文の間には，
様々な種類の制限作文がある。これらには絵や図を用いた作文も含まれ
るが，以下ではそれ以外のタイプを紹介する。

A: 文完成テスト

> 次の文の下線部を補って，クラスメートに本を紹介しなさい。
>
> This is the book which＿＿＿＿＿＿＿＿＿＿＿＿＿＿＿.
>
> 　　　　　　　（解答例：my father gave me as a birthday present）

B: 単語補充テスト

> 次の単語をそのままの順番・そのままの形で使い，必要な単語を補っ
> て，1文を完成しなさい。ただし全部で8語とする。
>
> (photo, taken, famous, photographer)
>
> 　　　　　　　（解答例：The photo was taken by a famous photographer.）

C: 文補充テスト

> 次の文章の空所を補って，あなたの将来の夢について書きなさい。
> ただし，空所には文を2つ以上入れてもよい（ここでは，スペース
> の都合で空所を1行分しかとっていないが，書かせたい分量をイ
> メージして行を設定するとよい）。

```
I want to be _____. Why?
First, _____.
Second, _____.
Third, _____.
So, I want to be _____.
Thank you.
```

　特定の文法事項が使いこなせるかどうかを見るには「文完成テスト」
や「単語補充テスト」，談話構成能力を見るには「文補充テスト」が適
しているだろう。様々なタイプのテストをうまく取り入れることで，多
様なライティングの能力が見えてくる。

　また，初級段階でのライティングであれば，文字を書くこと・書き分
けることや英語の符号についての知識などもテスト対象となるだろう。
次に紹介するテストは，国立教育政策研究所教育課程研究センターによ
り平成 22（2010）年に実施された『特定の課題に関する調査（英語：「書
くこと」）（以下，『特定の課題（書くこと）』）』で用いられた問題である。
中学 3 年生対象の調査であり，こうした問題の通過率は全体としてはさ
すがに高いが，2 (2) は通過率が 12.3％であった。この問題で問われる
ようなライティング力などについては，意外と盲点となっているかもし
れない。

第2部　テスト作成のつぼ

【調査問題　問題1 内容A】

1　次の **1〜3** の各問いに答えなさい。

1　次の(1)〜(3)の各文を，文字や符号，語と語の区切りなどに注意して書き写しなさい。

(1)　You must study hard.

(2)　Is that boy Saki's brother?

(3)　Naoki said, "This cake is great!"

2　次の(1)・(2)の各文を，文字や符号などに注意して，英語の文として正しい形になるように書き直しなさい。その際，必要に応じて，このページの下の ☐ の中から適切な符号を選んで加えること。また，(1)・(2)とも1文とすること。

(1)　its an interesting story

(2)　what are you reading tomoko

3　次は，ルーシー(Lucy)とジョン(John)の会話です。【　】内のすべての文字を順番をかえずに用いて，英語の文として正しい形になるように書き直しなさい。その際，必要に応じて，このページの下の ☐ の中から適切な符号を選んで加えること。

Lucy :【　doyouplaybaseball　】

John :【　noidont　】

＜符号＞

.	,	?	'	"	"	!

（国立教育政策研究所，2010）

69

4. 書く目的，相手，テキスト・タイプ

　自由作文にも問題がないわけではない。自由作文は，生徒に「自由に」書かせているのだから，何も悪くないように思える。しかし，例えば「あなたの好きな本について書きなさい」というようなテストがあるが，このような文章を書くことは現実生活ではほとんどないだろう。それは，なぜこのような文章を書くのかが明らかになっていないからだ。現実生活では，目的もなく何かを書くということはほとんどない。また，このテストでは，誰に向けて書くのかということも明らかになっていない。誰に向けて書くのかがわからなければ，何を書くかを決めることは容易ではない。さらに，これは手紙なのか，メールなのか，それ以外のものなのかも明らかになっていない。私たちはこのような「真空状態」で文章を書くことはないのである。

　同じ「好きなものについて書く」というような自由作文も，「アメリカにある，あなたの町の姉妹都市の中学生に，あなたの好きなアニメを紹介するメールを書くことになりました。好きなアニメは何か，どのようなところが好きかなどについて，なるべくたくさん書きましょう」とするだけで，だいぶ違ってくるだろう。

　以下は，Cambridge English: First (FCE) for Schools の Writing の sample paper から取ったものである（http://www.cambridgeenglish.org/exams/first-for-schools/exam-format/）。これらのテスト項目の指示文には，「書く目的，相手，テキスト・タイプ」が実にコンパクトに提示されていることがわかる。

第2部 テスト作成のつぼ

Writing • Part 1

You **must** answer this question. Write your answer in **140 – 190** words in an appropriate style **on the separate answer sheet**.

1 In your English class you have been talking about education. Now your English teacher has asked you to write an essay for homework.

Write your essay using **all** the notes and giving reasons for your point of view.

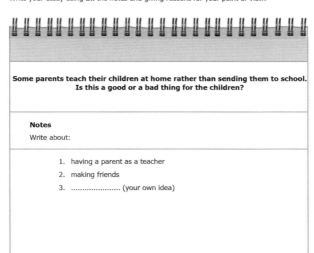

Some parents teach their children at home rather than sending them to school. Is this a good or a bad thing for the children?

Notes

Write about:

1. having a parent as a teacher
2. making friends
3. .... (your own idea)

Writing • Part 2

Write an answer to **one** of the questions **2 – 5** in this part. Write your answer in **140 – 190** words in an appropriate style **on the separate answer sheet**. Put the question number in the box at the top of the answer sheet.

2   You have received a letter from your English-speaking pen friend.

> Can you help me with a class project? I have to write about places which are special to people. Can you tell me about a place that is special to you? Where is it? What does it look like? It doesn't have to be a famous place. Just explain why it's important to you.
>
> Write soon, Sam

Write your **letter**.

3   You see this advert in an international fashion magazine:

Reviews Wanted
Teenage Clothes Shop
We are looking for reviews of a clothes shop for teenagers where you live. Your review should include information about what the shop looks like, the kind of clothes it sells and the shop assistants. Would you recommend this shop to other people your age?
The best reviews will be published in next month's magazine.

Write your **review**.

4   You have seen this announcement in a new English-language magazine for young people.

Stories wanted

We are looking for stories for our new English-language magazine for young people. Your story must **begin** with this sentence:
Tom got off the train and as the train left, he realised he was holding the wrong suitcase.
Your story must include:
- an address
- a surprise

Write your **story**.

5   Answer the following question based on the title below.

Macbeth by William Shakespeare

Your English class has had a discussion about the story of *Macbeth*. Now your teacher has given you this essay for homework:
Which character do you find most interesting in *Macbeth* and why?

Write your **essay**.

UCLES (2015) *First Certificate in English for Schools Writing Sample Test 1*, Available online: http://www.cambridgeenglish.org/exams/first-for-schools/exam-format/ (pp. 2-3, Parts 1-2)

第2部　テスト作成のつぼ

5. ライティング・テストの採点方法

5.1.　ライティングの採点が減点法なわけ

　ライティングの採点にはどのような方法があるだろうか。言語テスト
に関する文献を見てみると，およそ2つの採点方法を中心に解説され
ていることが多い。1つは全体的採点であり，もう1つは分析的採点で
ある。前者には，5段階なら ABCDE をただ単に印象で決める，いわゆ
る「印象採点」と，それぞれのレベルの特徴を記述した採点基準をもと
に行う採点とがある（ただし，採点基準といっても，それぞれのレベル
の一般的特徴がまとめて書かれているだけである）。これに対して，分
析的採点方法では，語彙・文法・内容・構成・綴りというような様々な
観点について，それぞれ個別に判断していく。これらの採点方法のうち，
特に分析的採点方法は，言語テストの文献や大規模テストの採点では一
般的でも，英語教育の現場の認知度は低く，知られていたとしても，実
際に使われる頻度はさらに低い。

　では，日本のライティングの採点で用いられているのは，どのような
採点であろうか。それは，多くの場合，これらのいずれでもなく減点法
である。

　ただ，この減点法を自由作文の採点に持ち込むと様々な問題が生じ
る。最も大きな問題は，たくさん書いた生徒の点数が少ししか書かな
かった生徒より低くなってしまうことである。自由作文では書けば書く
ほど誤りの総数は多くなってしまうからだ。したがって，基本的には自
由作文のようなテストには減点法は用いない方がよいだろう。

　こうした減点法中心の現状にはいくつかの原因が考えられる。1つの
大きな原因は，海外に比べ，自由度の高いライティング・テストの課題
が少ないということである。つまり，日本におけるライティング・テ
ストの課題のほとんどは，和文英訳であって，書くべき内容が規定され
ているのだ。このため，書けていない部分や間違えている部分を減点し
ていく採点方法が採用される。もし書くべき内容が規定されていなけれ
ば，この減点法はうまく機能しないはずだ。それから，和文英訳でなく
「自由作文」といっても，書く量を「3文で書きなさい」というように

73

量が規定されていることも多い。こういう場合であれば，減点法が機能
する。これに関連して，書かせる量がきわめて少なく，分析的採点の各
観点の判断を行うに足るだけの情報が確保されないという原因もある。
さらに，書かれた内容や構成に関して，主観的な判断を避けていること
も，分析的採点が行われない原因となっていると言えるだろう。

5.2. 作文の分量について

　日本には，CEFR-J などの学習・指導・評価のための枠組みはあるも
のの，英語教育のグランド・デザインが英語教育に関わる人々に共有さ
れている状況ではない。そのため，ライティングの力をどう伸ばすかに
ついて，英語教育に関わるものがみな同じイメージを持っているわけで
はない。ライティングの能力をどう伸ばすかについては，学習の初期段
階で正確さを優先するのか，あるいは量をたくさん書かせることを優先
するのかという議論が重要だと思われる。現在，日本の中学校における
ライティング・テストを見ると，明らかに正確さを優先している。しか
し，エッセイ型のテスト結果を分析すると，あるレベルに至るまでは，
学習が進むにつれて書ける量が確実に増えていくことがわかってきて
いる。ということは，初期段階で優先すべきなのは，正確さよりも量な
のではないかという気がしてくる。
　日本の英語教育が正確さを重視してきた背景には，客観的に採点しや
すいということがある。実際，客観的に（または，公平に？）採点する
ことを重視するあまり，客観的に採点できないものは出題しなくなって
しまっているのが現状だろう。客観的に採点するということは，採点の
信頼性を重視しているということであるが，そのために測るべき能力を
測っていないとなれば，これは妥当性を犠牲にしていることになる。一
方，音楽や書道や美術などでは作品の評価を主観的に行っていて，これ
をほとんどの人が当たり前だと思っている。ある意味では，英語でも，
どのような内容の文章がいいかとか，どのような構成の文章がいいかと
いうことも，主観的に判断する性質のものである。これらを重要なこと
と考えるならば，テストでも見ていかなければならない。

74

採点の客観性重視の傾向は，テストの学習への波及効果の問題にもつながっており，より深刻である。テストでまとまった量のライティングを課さないので，まとまった文章を書く練習が行われなくなってしまう。採点の客観性への意識は，入試ともなればより強くなり，結果的に入試のライティング・テストの自由度と量はきわめて限定的となる。最も波及効果の高い入試というテストにおいて，自由度のある，まとまった量の英文を書かせる課題が課されないとなれば，受験勉強の中から「自由作文」が消えていくのも当然だろう。また，仮に「自由作文」という体裁をとっていたとしても，減点法により採点されていると受験生が信じていたとすれば，それは誤りを犯さないように，基礎的な文法や語彙を使って，「安全に」書くことを奨励してしまうだろう。こうした意味でも，テスト作成機関は，採点基準を公開することが重要である。また，これは高校入試や大学入試でも同様である。

5.3.　自由作文の採点方法

5.3.1.　分析的採点と全体的採点

日本の中学段階の英語教育が，もっと量をたくさん書かせることにシフトしてもいいのではないかと思う。その上で，採点の客観性をある程度高めたいということであれば，書いた単語の数や行数だけで採点してもいいかもしれない。もちろん，単純に量をかせぐために同じ文をいくつも書いたり，中身や構成をいい加減に書いたりする生徒もいるのではという懸念がある。量を優先するなら，まずはこうした作文を認めるようなところから始めてもいいとは思うが，これが本当に問題であると認識するのであれば，中身をざっと確認し，大きな問題がなければあとは量だけで採点してしまうという手もある。量だけで採点するので，採点は客観的である。もちろんこれは学習の初期段階の話で，ある程度のまとまった量が書けるようになったら，その上で正確さも含めた質を求めていくべきだろう。

まとまった量を書かせれば，もちろん「全体的採点」や「分析的採点」を導入することもできる。「全体的採点」は，ABCD や 5 段階など

の段階評価であるが，それぞれのレベルがおおよそどのような特徴なのかを書いたレベル記述を大まかでもいいので持っておいた方がいい。単なる印象でつけていると，いつの間にか採点基準がぶれ，信頼性は低くなってしまう。以下は，TOEFL® writing scoring guide で，「全体的採点」において用いられる採点基準の一例である（https://www.ets.org/toefl/pbt/scores/writing_score_guide/）。

Writing Scoring Guide

The following scoring guidelines relate to the *TOEFL*® PBT Test Writing & Structure section.

Score of Six

An essay at this level:

- shows effective writing skills
- is well organized and well developed
- uses details clearly and properly to support a thesis or illustrate ideas
- displays consistent ability in the use of language
- demonstrates variety in sentence structure and proper word choice

Score of Five

An essay at this level:

- may address some parts of the task more effectively than others
- is generally well organized and developed
- uses details to support a thesis or illustrate an idea
- displays ability in the use of the language
- shows some variety in sentence structure and range of vocabulary

Score of Four

An essay at this level:

- addresses the writing topic adequately but does not meet all of the goals of the task
- is adequately organized and developed
- uses some details to support a thesis or illustrate an idea
- shows adequate but possibly inconsistent ability with sentence structure
- may contain some usage errors that make the meaning unclear

第 2 部　テスト作成のつぼ

Score of Three

An essay at this level may reveal one or more of the following weaknesses:

- inadequate organization or development
- poor choice of details or does not provide enough details to support or illustrate generalizations
- a noticeably improper choice of words or word forms
- numerous errors in sentence structure and/or usage

Score of Two

An essay at this level is seriously flawed by one or more of the following weaknesses:

- serious disorganization or underdevelopment
- little or no detail, or irrelevant specifics
- serious and frequent errors in sentence structure or usage
- serious problems with focus

Score of One

An essay at this level:

- may be incoherent
- may be undeveloped
- may contain severe and persistent writing errors

Score of 0

An essay will be rated 0 if it:

- contains no response
- merely copies the topic
- is off-topic, written in a foreign language or consists only of keystroke characters

TOEFL® writing scoring guide

https://www.ets.org/toefl/pbt/scores/writing_score_guide/

これに対して「分析的採点」は，「内容」「構成」「語彙」「文法」「綴り」等というような観点ごとに別々に評価する。以下は，「分析採点基準」の例である。

A.　Relevance and adequacy of content
0.　The answer bears almost no relation to the task set. Totally inadequate answer.
1.　Answer of limited relevance to the task set. Possibly major gaps in treatment of topic and/or pointless repetition.
2.　For the most part answers the tasks set, though there may be some gaps or redundant information.
3.　Relevant and adequate answer to the task set.

B.　Compositional Organisation
0.　No apparent organisation of content.
1.　Very little organisation of content. Underlying structure not sufficiently apparent.
2.　Some organisational skills in evidence, but not adequately controlled.
3.　Overall shape and internal pattern clear. Organisational skills adequately controlled.

C.　Cohesion
0.　Cohesion almost totally absent. Writing so fragmentary that comprehension of the intended communication is virtually impossible.
1.　Unsatisfactory cohesion may cause difficulty in comprehension of most of the intended communication.
2.　For the most part satisfactory cohesion though occasional deficiencies may mean that certain parts of the communication are not always effective.
3.　Satisfactory use of cohesion resulting in effective communication.

D.　Adequacy of vocabulary for purpose
0.　Vocabulary inadequate even for the most basic parts of the intended communication.
1.　Frequent inadequacies in vocabulary for the task. Perhaps frequent lexical inappropriacies and/or repetition.
2.　Some inadequacies in vocabulary for the task. Perhaps some lexical inappropriacies and/or circumlocution.
3.　Almost no inadequacies in vocabulary for the task. Only rare inappropriacies and/or circumlocution.

E.　Grammar
0.　Almost all grammatical patterns inaccurate.
1.　Frequent grammatical inaccuracies.
2.　Some grammatical inaccuracies.
3.　Almost no grammatical inaccuracies.

F.　Mechanical accuracy I (punctuation)
0.　Ignorance of conventions of punctuation.
1.　Low standard of accuracy in punctuation.
2.　Some inaccuracies in punctuation.
3.　Almost no inaccuracies in punctuation.

G.　Mechanical accuracy II (spelling)
0.　Almost all spelling inaccurate.
1.　Low standard of accuracy in spelling.
2.　Some inaccuracies in spelling.
3.　Almost no inaccuracies in spelling.

TEEP attribute writing scales (Wier, 1990)

こうした「分析的採点」は，どこが悪かったのかを伝えることができるので，フィードバック機能も高いとされている。ただし，この採点法をとるには，ある程度の長さの文章が書かれていないと意味がない。非常に限られたサンプルから，生徒のライティング力を分析的に見ることになるからだ。また，当然のことながら，「分析的採点」において立てる観点は，指導目標を反映したものでなければならない。

5.3.2. 新しい分析的採点の提案

分析的採点の導入には，悩ましい問題がある。それは，「文法」や「語彙」というような観点を立てた場合，「少ししか書いていないが，正確なもの」と「たくさん書いてあるが，誤りもたくさんあるもの」のどちらを高く評価するかという問題である。例えば，20行の解答欄があるエッセイ問題で，20行いっぱいに書いてあって誤りが散見される解答と5行ほどしか書かれていないが誤りがほとんどない解答では，どちらを高く評価するかというような場合である。そして，実際はそれ以外のパターンも数多くあるだろう。

このような場合は，「文法」や「語彙」の観点に「正確さ」と「多様性」という2つの下位観点を立てるという方法もある。量が少なければ，「多様性」は減り，量が多ければ，「多様性」は増える傾向にあるというものだ。ただし，量があっても，同じ文構造や同じ表現を繰り返す場合（例えば，I like baseball. I like tennis. I like basketball. というような解答）は，こうした文がいくらあっても「多様性」は増えないだろう。

そこで，分析的評価に「量」の観点を含めることを提案したい。先に紹介した *TEEP attribute writing scales* の Grammar の観点を見てみよう。

E. Grammar

0 Almost all grammatical patterns inaccurate.

1 Frequent grammatical inaccuracies.

2 Some grammatical inaccuracies.

3 Almost no grammatical inaccuracies.

まず，「量」で配点の上限を決める。英文の量が十分であれば3点，

もし求められている量の3分の2しか書けていなければ2点，3分の1しか書けていなければ1点を上限に適用する。次に，上記 Grammar の観点を加える。例えば，3分の2の英文量であれば配点の上限は2点となり，文法が Almost no grammatical inaccuracies. であれば2点，文法が Some grammatical inaccuracies. であれば1点を与えるというような具合である。

　おそらく定期試験の実際の採点場面では，こうした採点方法でほぼ問題ないと思われるが，受験者の能力幅の広い大規模テストなどの場合は，答案に現れた文法項目や文型などが示唆する発達段階上のステージによって割り振る点を変えるという選択肢もあるだろう。文型でいえば，SVC と SVO だけ を使っているよりは，SVOO と SVOC を使っているほうがレベルが高いと判断するという具合である。

　この考えをさらに進めたのが，根岸（2012）で，CEFR 基準特性（criterial features）に基づくチェックリスト方式による英作文の採点可能性を示している。これは，CEFR レベルに対応した言語特性の出現をもとに，レベル判定をしようとしている。関係詞や分詞構文や仮定法などが出現していれば，かなり高い発達段階にあると言えるだろう。また，受動態や分詞による後置修飾なども，いずれも中学で学ぶ文法事項ではあるが，意外なことに，なかなか産出されることのないものである。

　「長い自由作文」を課しても，それに応じた採点方法はある。だとしたら，思い切って出題してみてはどうだろうか。しかし，その前にまとまった量の英文を書かせる指導を始めるということが大前提である。指導と評価は一体化しなければならない。

　言語テストの世界では，作文の自動採点についての研究も進んでいる。言語的な様々な特性から作文のレベルを機械的に推定するのである。Cambridge English Write & Improve（https://writeandimprove.com/）は，その一例であり，どのような精度のものか実体験できるだろう。これらのプログラムには，あらかじめ特定のタスクの解答データをもとに作成したレベルごとのテキスト特性情報からレベルを推定するものと，そうした事前データがなく，より一般的な言語特性情報から，

第 2 部　テスト作成のつぼ

レベルを推定するものとがある。今後この分野の研究はますます発展していくだろう。情報のアンテナを張っておく必要がある。

第10章 スピーキング・テスト

1. スピーキング・テストをどう作る

1.1. 広まるスピーキング・テスト

　4技能を総合的に指導するとした中高の学習指導要領に基づく英語教育では，「聞くこと」「話すこと」の評価を「紙と鉛筆によるテスト」で行うとしたら，それは整合性がないだろう。いくら授業中一生懸命話していても，評価されないことになってしまう。しかしながら，近年は（とりわけ，観点別・絶対評価の導入後は），授業観察が強調されたこともあり，「話すこと」の評価がずいぶん頻繁に行われるようになってきている。この場合は，もっぱら教室での様々なスピーキング活動を「観察評価」しているわけであるが，実は「テスト」による評価も増えつつあるように思われる。

　ただ，せっかく広まりつつあるスピーキング・テストであるが，問題がないわけではない。テストは，教師が学習者であったときに受けてきたものを模倣して作っていることが多く，必ずしもテスト理論の講義や作成のトレーニングを受けて作っているわけではない。特に，スピーキング・テストの場合にやっかいなのは，他の技能に比して，教師自身があまりスピーキング・テストを受けた経験がないということである。このために，テストのレパートリーが少なく，実施方法や採点方法の馴染みもないことになる。そこで，ここでは，スピーキング・テストの問題を，スピーキング・テスト自体の問題と採点の問題とに分けて見ていく。

1.2. ダイアローグかモノローグか

　スピーキング・テストとなると，まず頭に浮かぶのがインタビュー・テストであろう。しかしながら，英語を話す場面というのは，ダイアローグの場面だけではない。話し手が一人で，ある程度の時間話し続けるモノローグの場面もある。いわゆる，スピーチやプレゼンテーションの場面だ。CEFR では，スピーキングはそれぞれ「やりとり」と「発表」に

第2部　テスト作成のつぼ

区別されている。

　ダイアローグの能力とモノローグの能力は，厳密には同一でない。ダイアローグでは話し相手とのやりとりが中心で，相手に質問したり，相手の質問に答えたり，ターンを取ったり，頷いたりといった，会話をコントロールする力が必要となるのに対して，モノローグでは始めから終わりまで一人で話し，その話しの一貫性が重要となる。したがって，そのときの指導目標によく照らして，より適したほうを選択することが必要である。単に，スピーキング・テストといえばインタビューというように画一的に考えると，指導目標とのずれが生じることがある。

　教室内で行われるスピーチやプレゼンテーションによる評価は，テストとしてというよりは，日常の授業の中で行われることが多いだろう。このような評価活動の場合は，原稿をあらかじめ準備してそれを暗唱するような活動であることが多いために，その結果は即興で話す能力や会話でのやりとりの能力とは必ずしも一致しないということを心に留めておくべきである。もちろん，スピーチやプレゼンテーションのテストも可能であり，準備時間の短い，即興的な要素の強いテストとすることも可能ではある（このタイプは，TOEFL iBT® や GTEC CBT といったパソコンによって実施される大規模テストで採用される傾向がある）。

　また，ダイアローグのテストというと，教師による生徒へのインタビューをイメージしやすいが，生徒同士の会話によるテストという手法もある。生徒同士による会話では，一方が質問してもう一方がそれに答えるというように役割が固定しているわけではないので，質問したり答えたりという相互のやりとりが期待できる。会話の開始や終了，ターンテイキングなどの会話のマネジメントも関わることになる。生徒同士による会話には，このようなさまざまなメリットもあるが，日本人学習者の場合は，うまくやらないと，会話が長続きしないことがあるので注意が必要だ。特に，教師がグループに入って議論を仕切るタイプのグループ・ディスカッション・テスト（group discussion test）では，それぞれの生徒が単に教師と一対一で順番に話す集団面接になってしまうこ

83

とがある。こうしたことを防ぐには，生徒同士が話し合わなければ解決しない課題を課したり，教師は司会者のような役割に徹して，生徒同士のやりとりを促したりするとよいだろう。

1.3. スピーキング力をどう測るか

スピーキングという技能は，発表技能である。このことは，この技能が外から観察可能だということを意味する。それゆえ，その能力を測ることは，一見単純なことのように思われる。話す能力を測りたいのだから，話させればいい。確かにそうなのだが，何を話させるのか，どのように話させるのか，誰と話させるのかなど，様々な要素があり，考えればきりがない。

ここでは，スピーキング力の測り方を大きく2つに分けてみる。1つは，実際のコミュニケーション場面で行うであろうタスクをテストで生徒に課すものである。もう1つは，様々なスピーキング活動に共通する潜在能力を見ようとするものである。

馴染みのないスピーキング・テストは，紙のテストと違い，その記述を読んだだけではイメージが浮かびにくい。そんなときには，ジャパンライム社のDVD『スピーキング・テスト・セレクション』(根岸雅史監修)やネット上の様々なスピーキング・テストの動画を参照するといいだろう。

1.3.1. 実際のコミュニケーション場面に基づくテスト

スピーキング・テストにおいて，実際のコミュニケーション場面に基づくテストといった場合，本人が「自分のまま」で受けられるテストと，「誰かの役割」を演じたり「どこかの場所」を想定したりして受けなければならないテストとがある。多くの場合，インタビュー・テストでは，面接官から尋ねられた自分のことに関して，自分のまま（誰か別人の役割を演じることなく）答えることになる。「名前」や「住んでいるところ」，「好きなスポーツ」について尋ねられれば，「自分の名前」や「自分の住んでいるところ」や「自分の好きなスポーツ」を答えることになる。た

だし，そのクラスの担当教師が面接官をする場合は，教師の側がすでに答えを知ってしまっている質問（受験者が，知っている言語知識を「ひけらかす」だけの質問なので，これを display question ということもある）になってしまい，本当の意味での情報のやりとりが行われていないことがあるので，注意が必要である。真のコミュニケーションとするためには，genuine question でなければならない。

　同じインタビューでも，2つの異なる絵を使って，生徒にそのうちの1つを描写させ，相違点を探させるという方法もある。この場合，教師の持っている絵と生徒の持っている絵は異なっているので，そこに information gap が存在しており，コミュニケーションの必然性が生じることになる。また，複数の連続した絵を用意すれば，ストーリー・テリングとなる。1枚の絵を描写するのと，複数の連続した絵を描写するのでは，測れる能力が異なってくる。前者の場合は，静的な状態を描写する（describe）ことになるが，後者の場合は，基本的に一連のストーリーを語る（narrate）ことになるだろう。これらのタスクでは，動詞の時制も違ってくるだろうし，用いる接続詞なども異なるだろう。したがって，絵の利用に当たっては，本来どのような能力を測ろうとしていたのかの確認が必要である。

　教師によるインタビュー・テストでは，教師だけが質問を行うことになってしまうが，生徒同士（2人または3人）による形も可能である。生徒同士であれば，生徒も質問役に回ることができる。また，教師のインタビューとは異なり，話し手同士はどちらも生徒なので，一般に対等の関係にあると考えられる。

1.3.2. 虚構の世界を使って：ロール・プレイ

　自分自身のまま面接に臨むという方法に対して，誰かの役割を演じるロール・プレイ（role play）という手法がある。これは，ある場面を設定して，その場面における役割を受験者に与え，そこでの課題を遂行させるというものだ。例えば，生徒には次のようなロール・プレイング・カードが渡される。この場合，教師は店員の役をやることになる。

ロール・プレイング・カード（例）

> あなたは今，買い物をしようとしています，Tシャツが気に入った
> ので，値段を聞いて，3,000円以下だったら買いましょう。

　こうしたタスクでは，決められたシナリオがあるわけではないので，課題遂行のためにどのように話すかを受験者が自分で考えていかなければならない。既成の会話を2人の生徒に割り振って暗唱させるようなものもロール・プレイと呼ぶことがあるが，それは厳密には本来のロール・プレイではない。

　SST（Standard Speaking Test）は，15分間の対面インタビューをもとに，総合的な会話能力を段階で判定するテストで，ロール・プレイは即興でやることになるが，定期試験では，授業でやったことが身についていれば遂行可能なものにすべきだろう。また，生徒に課すタスクも現実の生活で彼らが行っていそうなタスク（必ずしも「英語」で行っていなくてもよいだろう）が望ましい。

1.3.3. スピーキングの根底にある能力の測定

　これまでに述べたようなスピーキング・テストは，現実の生活で見ることのできるパフォーマンスを再現しようとしている。しかしながら，現実の生活において遂行する可能性のあるタスクは無数にある。コミュニカティブ・テスティングにおいては，ニーズ分析（needs analysis）などに基づいて，代表性の高いタスクを設定しようとする。

　これに対して，このような無数のパフォーマンス事例を追求することをせずに，あらゆるパフォーマンスの根底に共通して存在する能力を測ろうとする方法もある。根底にある言語処理能力を測っているので，どのようなパフォーマンスの出来もある程度まんべんなく予測することができる。これらの中には，文復唱テスト（sentence repetition test）や口頭並べ換えテストなどがある。以下，それぞれを簡単に紹介する。

　まず，文復唱テストは，その名の通り，言われた文をそのままくり返すテストである。作業自体は，教室でもやっている活動であるが，どのような文が言われるかわからない状態で，文を聞き取って，一時的に頭

に保持した上で再生するという作業は，予想以上に困難なものである。
テスト項目の困難度は，主に文の長さと文構造の複雑さで決まってく
る。次の例で言えば，例3のほうが例1より長い文なので困難度が高く，
例2のほうが受動態の文であるだけ，例1よりは困難度が高いと想定さ
れる。

例1

cue: My sister was reading a book. （6 語）

answer: My sister was reading a book.

例2

cue: The car was washed last Sunday. （6 語）

answer: The car was washed last Sunday.

例3

cue: When I came home, my sister was reading a book. （10 語）

answer: When I came home, my sister was reading a book.

また，受験者が1つの単位として認識しているような単語のかたまり
は，単語自体が複数あっても，その語数ほどには負荷は増えない。例え
ば，I'm looking forward to hearing from you. などは，人によっては，
これ自体が1つのまとまりのように捉えるかもしれないし，I'm looking
forward to / hearing from you. というように2つのまとまりと捉える
かもしれない。

　次に，口頭並べ換え問題であるが，これは1つの文をいくつかの単位
にバラして，それらを音声で流す。受験者はそれらを聞き取って並べ換
え，元の正しい語順の文にするというものである。

cue: me ... showed ... my mother ... some pictures

answer: My mother showed me some pictures.

　これらの手法は，作成や実施が比較的容易で，LL やパソコン教室な
どで一斉に行うこともできるので，実用性が高い。また，1問ずつの実
施時間が短いので，多くの問題数を確保することができる。ただし，こ
れらのテストで高得点を取ることが，実際のスピーキングにおいてどの
ような能力を保証するのかは明確でない。例えば，受動態の文を繰り返

して言えることや正しく並べ換えて言えることが，受動態の文を必要な
ときに自分で言える能力とどの程度関連しているのかはわからない。こ
うした関連付けについては，今後更なる研究が必要であろう。

　スピーキング・テストは，まだまだ未開の分野である。しかしながら，
どのような形にせよ，やってみることに意味がある。

2. インタビュー・テストの「つぼ」

　インタビュー・テストは，多くの英語教師に比較的馴染みのあるテス
ト方法であるが，馴染みがあるということは適切に行えるということを
必ずしも意味していない。ここでは，インタビュー・テストを実施する
にあたっての「つぼ」をまとめてみる。

2.1. 「聞いているよ」という雰囲気を醸し出す

　スピーキング・テストの受験者は不安なものである。そのような場面
では，インタビュアーは，受験者の話を「聞いているよ」という雰囲
気を醸し出すことが重要だ。スピーキング・テストのインタビュアー・
トレーニングで，"Smile". とか "Be nice". ということが強調されるのは，
このためである。何人もの受験者のインタビューを行っていて，退屈し
ているというような態度をとってしまうことは慎まなければならない。

　また，受験者に聞いていることを伝えるためには，インタビュアーは，
受験者との適度なアイコンタクトをとることを忘れてはいけない。通常
の状態であればアイコンタクトを忘れない教師であっても，スピーキン
グ・テストの場面では，名簿やら受験者に見せる絵やらロール・プレイ
ング・カードやらの整理に追われて，受験者の目を見なくなってしまっ
ていることがあるので，注意が必要だ。こうした準備は，それぞれのテ
ストが始まる前にしておくことだ。

2.2. 発話を促すことばを挟む

　受験者を励ますような雰囲気を醸し出すことも大切である。"umm"
"aha""right""oh, I see" などのことばを適宜挟むことで，会話がスムー

スになり，話し手は気持ちよく話せるはずである。決して，受験者のことばを途中で遮ったり，受験者が言いかけた文をインタビュアーのほうで完結してしまったりしてはいけない。

2.3. 母語で問題なくできるようなタスクを課す

　英語のインタビュー・テストを行う場合，意外と言語以外の面で過度な要求をしていることがある。テストを作成したら，そのタスクを母語で行った場合に受験者が遂行可能かどうかを確認するとよい。母語でそのタスクを遂行させた場合に，話者によりその出来に差があるようであれば，そのタスクは見直すべきであろう。例えば，特定の背景知識が前提となっているような場合や，論理的な思考力が大きく関わってくるような場合があるが，これら自体が測定の対象となっていない場合は，妥当性を欠くテストとなっている可能性がある。

2.4. 「仕切り直し」をたくさん用意する

　インタビュー・テストにいくつかのステージがある場合，それらが相互に依存しないようにしなければならない。つまり，あるタスクができないことが，次のタスクの遂行に影響しないようにすることである。そのためには，いくつもの「仕切り直し」をテストの中に用意しておくのがいい。また，仕切った上で，最初の方のタスクはあまり難易度の高いものでない方がいいだろう。最初に難易度が高いタスクが来ることで，その後のタスクに向かう気持ちを萎えさせてしまうことがあるからだ。

2.5. 「本当の質問」をする

　いいインタビュー・テストのためには，見せかけの質問（display question）ではなく，本当の質問（genuine question）をするべきだとされる。自分の学校の生徒に対するインタビューのときなどは，名前や年齢，学校，住んでいるところなどは既知の事柄であり，これらについて尋ねることは現実のコミュニケーションとしては意味がないだろう。

2.6. wh- 疑問文を用いる

　質問をする場合に，yes/no 疑問文を用いてしまうと，yes/no だけで会話が終わってしまう。このため，なるべく wh- 疑問文を用いるのがいいだろう。また，仮に yes/no で答えたような場合でも，"Why do you think so?" などのフォローアップ・クエスチョンをするとよい。

2.7. インタビュアーは話しすぎない

　インタビュー・テストに積極的に取り組む教師の中には，自分自身が英語を話すことが得意で，楽しいと感じている人が多いだろう。これ自体は，英語の教師としてとても大事な資質であるが，インタビュー・テストの実施の際には少し気をつけなければならないことがある。それは，「話しすぎ」である。自身が英語を話しすぎる教師は，インタビュー・テストの本来の目的である「受験者に話させる」ということを，ともすれば忘れてしまうのである。インタビュアーとして理想的なのは，できるだけ少ないことばでできるだけ多くの英語を受験者から引き出すことである。例えば，"So?" "And (then)?" "Why?" "Tell me more." "What do you mean?" などはいずれも短いことばであるが，受験者から多くを引き出すことができる。こうした「魔法のことば」のストックをたくさん持っていることは重要である。

2.8. 「誤り」を訂正しない

　インタビュー・テストを実施すれば，受験者はさまざまな種類の「誤り」を犯すことになるが，このような場合に，訂正をしないことが重要である。訂正をすることで受験者を萎縮させたり，受験者がそこから学習してしまって，本来の能力を見られなくなってしまったりすることがあるからだ。「誤り」があった場合には，自然にやり過ごすか，意味の確認が必要であれば，"You mean, …?" などと言って確認すればよいだろう。また，受験者の発言を評価するようなことば（例えば，"Good." や "Great." や "Well-done." など）の使用も避けるべきとされている。

第2部 テスト作成のつぼ

2.9. インタビュアーと採点者を別にする

インタビュー・テストでは，試験官がインタビューをしながら採点をすることがある。しかしながら，インタビューを実施しながら信頼性の高い採点を行うことは思いのほか難しい。同時に二つのことをすれば，どちらかがおろそかになってしまうものである。ALT がインタビュアーとして確保できるような場合は，日本人教師のほうは採点に徹するというように，役割を分けたほうがよい。

3. スピーキング・テストの採点はどうする

スピーキング・テストは，作成と実施以外に，採点の問題がある。採点では，どう採点するかに意識が向きがちであるが，誰が採点するかという問題も見逃せない問題である。

3.1. 誰が採点するか

学校で行われるスピーキング・テストの採点を誰が行うかと言った場合，単純には教師自身ということになるように思われる。しかし，実際には ALT に任せているという例が意外と多い。英語のネイティブ・スピーカーが採点するというのは，一見すると妥当な判断のように思われる。しかし，これが必ずしもうまく機能しているわけではない。それは，いわゆる「ALT への丸投げ」というケースである。つまり，採点は（そして，多くは面接も）すべて ALT が1人でやっているのである。もちろん ALT が採点してうまくいく場合もあるが，それは担当の日本人教師が，そのときのスピーキング・テストの目的や「評価規準」や「評価基準」を十分に伝えている場合である。ところが実際には，丸投げを行っている日本人教師は，往々にして ALT と十分なコミュニケーションがとれていないことが多いのである。

スピーキング・テストの目的や「評価基準」を十分に伝えていないと，ALT は自分の持つ「評価規準」や「評価基準」で採点してしまう（しかも，これがいつも「発音」や「流暢さ」であったりする）ので，結果的には「しゃべれる子はいつでもしゃべれる」となっていることが少なくない。

91

つまり，本来の「評価基準」への到達の有無に関係なく，採点が行われてしまっているのである。

実は，日本人が採点している場合でも，無意識のうちに本来の「評価規準」や「評価基準」と異なった基準で採点してしまっていることがあるので，注意が必要である。誰が採点するのであれ，指導目標との整合性は常に心がけなければならない。

採点者は様々な背景を持っている。採点者が英語の母語話者であるのか非母語話者であるのか。非母語話者であったとしても，英語の熟達度がどの程度であるのか。採点者が，英語の教師であるのかないのか。英語教育学研究や第二言語習得研究に関する知識をどれくらい持っているのか，等々。これらの影響は様々であるし，また，これらは相互に影響を与えている。辛めの採点をする傾向の採点者や甘めの採点をする傾向の採点者がいるし，採点のこだわりが他の採点者と異なっているために，辛め甘めが一貫していないという採点者もいるだろう。

採点者の特性を捉えた上で，採点のトレーニングなどで，妥当性や信頼性を高めるようにしなければならない。採点のトレーニングに当たっては，採点基準を熟知させること，その採点基準を実際に適用する練習を行うこと，それらの振り返り等が必要となる。

ただし，実際には，どれだけのトレーニングを積んでも，主観的な観点の採点では完全な採点はできないことを考えると，できるだけ複数の採点者で採点に当たり，採点結果が異なった場合は採点者が話し合うとか，第3の採点者が判定に入るなどの制度の整備も重要であろう。

また，誰が採点するかどうかという問題以外に，スピーキング・テストの実施者が採点者を兼ねるかやその場で採点するのか，録音・録画しておいてあとで採点するのかなども大きな分かれ目である。一般に，スピーキング・テストを実施しつつ，信頼性の高い採点を行うことは難しいとされる。それは，多くの場合，テストの実施に気を取られて，採点に十分な注意が向けられなくなってしまうからである。もし諸般の事情で，採点者がテストの実施者を兼ねなければならない場合は，以下に述べる「全体的採点」を行うか，また，「分析的採点」を行う場合でも，

その観点の数をかなりしぼる必要がある。

3.2. どう採点するか

　1問1答や文復唱テストのような，問題の独立性の高い複数のテスト項目から成るテストの採点は，テスト項目ごとの採点を○×やABCのように採点することになるが，まとまった量の英語を採点する場合は，これとは異なる採点方法が必要となる。その採点方法は，大きく分けて2つある。1つは「全体的採点（holistic scoring）」であり，もう1つは「分析的採点（analytic scoring）」である。前者は，受験者の行動を全体的に捉えて採点する方法であり，後者は，それをいくつかの観点に分けて，分析的に採点する方法である。以下，それぞれの方法について考察する。

　まず，「全体的採点」である。この方法ではその目的によりいくつかの段階に受験者を分類するが，その際には，それぞれの段階の行動の特徴が記述されたバンドを用いる。このバンドの記述には，課されたタスクにより，「発音」や「文法的正確さ」「内容」など様々な観点が含まれるが，特徴は，複数の観点が1つのバンドの中に入れられている点である。

　この方法を「印象主義的採点（impressionistic scoring）」ということがあるが，いわゆる「印象」によって，「よくできる」のでA，「中ぐらい」なのでB，「あまりよくできない」のでCなどと判断しているわけではないので，この呼び方はやや誤解を招くかもしれない。

　「全体的採点」では，あたかもこれら複数の観点が「手と手を取り合って，仲良く」発達していくという想定（holistic-universal view）のもとにあるということは認識しておいた方がいいだろう。つまり，例えば，「発音」がよい生徒は「文法」も正確で，「語彙」も豊富というような想定である。例えば，「バンドC：強弱のリズムの習得がまだ充分ではなく，現在進行形の文を正しく作れないこともある。また，単語の選択にも時々誤ることがある。」というような具合である。こうした前提が崩れない限りは，「全体的採点」は，採点者側としては，簡便なよい方法ということができるかもしれない。

　これに対して，「分析的採点」では，複数の観点が立ち，その観点ご

とに採点していく。このため，一般に，「全体的採点」に比べ高い信頼性が得やすいと言われている。また，学習者へのフィードバックも診断的な機能を持たせやすい。次は，Green (2013: 145) の「簡易採点尺度」である。

Weak	Adequate	Good	
1	2	**3**	Speaks intelligibly
1	2	3	Opens and closes the conversation appropriately
1	**2**	3	Has sufficient vocabulary to answer basic personal questions (age, job, family, etc.)
1	**2**	3	Produces simple personal questions accurately enough to be understood

　もちろん，これは「簡易」採点尺度なので，それぞれの観点ごとに重み付けを変えたり，観点ごとのレベルの記述を変えたりすることもできるだろうが，定期試験の採点を複数の採点者で行い，しかも，事前に打ち合わせやトレーニングを行うことができない場合などは，こうした「簡易尺度」は便利かもしれない。

　ただ，このようなメリットを享受するには，いくつかの注意が必要である。まず，「観点の独立性の問題」である。例えば，「発音の正確さ」と「文法の正確さ」という観点が立っていたとすると，「発音のよさ」にまどわされずに，「文法の正確さ」を判断しなければならない。次に，どのような観点を立てるかである。ここで立てる観点は，当然のことながら，指導目標に適合していなければならない。さもないと，評価は指導目標とまったく異なった観点でなされてしまうことになる。これは，先に述べた「ALT への採点の丸投げ」にも起因することである。さらに，その観点の数も問題である。1つのテストであれこれ見たいという気持ちは分からないではないが，そう多くの観点を高い信頼性を持って見ることはできないだろう。とりわけ，定期試験などでは，毎回評価基準が

第2部 テスト作成のつぼ

異なる可能性が高いために，採点者がそれぞれの基準に徐々に習熟していくというわけにはいかない。であれば，本当に見たい観点にしぼって見る必要が出てくる。

例えば，「話すこと」において，現在進行形が使えるかを見たとする。タスクは，校庭で5人の生徒がいろいろなことをしている絵を見て，それを描写するものとしよう。「文法の正確さ（現在進行形の使用）」と「発音の正確さ（強弱の適切なリズム）」という2観点の基準は次のようになる。

	文法の正確さ （現在進行形）	発音の正確さ （強弱のリズム）
A	5文すべて正確	5文すべて正確
B	3，4文が正確	3，4文が正確
C	0，1，2文が正確	0，1，2文が正確

こうした基準をもとに，それぞれの観点で判断するわけであるが，もちろん文の数といった「量」での記述でなく，「質」での記述をすることもありえる。いずれにしても，評価の基準となる具体的な行動を記述しておくことが重要である。

95

第11章 文法テスト

1. 文法テストから何を知る

1.1. 英語のテストと言えば文法問題

　日本における英語のテストには，必ずと言っていいほど文法問題がある。英語のテストなのだから文法問題があって当たり前だろうと思われるかもしれないが，そうでもない。TOEFL iBT® や TOEIC には，いわゆる文法問題はない。かつての TOEFL® (TOEFL® PBT) には Structure and Written Expression というセクションがあり，これが文法問題に見えたりしていた。しかし，TOEFL iBT® では，個別の4技能とその統合のテストがあるだけである。

　定期試験でも高校入試でも，いわゆる文法問題と見なすことのできるテスト問題は必ずある。しかも，その種類も豊富だ。空所補充問題から，多肢選択式問題，並べ換え問題など多様な上に，総合問題というカテゴリーでは，実に多種多様な問題が1つの文章にぶら下がっている。

1.2. 文法診断に役立たない文法問題

　では，これだけ文法問題を出題しているのであれば，どのような文法事項が生徒は苦手で，どのような文法事項はさほど躓きが少ないのか，というようなことがよく分かっているかというと，そうでもない。生徒の文法事項の得意不得意を先生方に聞いても，意外と正確には答えられない。「文法問題」自体の得意不得意は言えても，「文法事項」の得意不得意は言えない。

　どうしてそうなるのか。これにはいくつかの原因があるだろう。1つは，総合問題の影響である。総合問題では，様々な言語知識をばらばらに問うているだけなので，この結果からは，個別の文法問題の出来以外には，生徒の文法力について診断的な解釈を行うことはできない。

　ごった煮の総合問題の見た目からすると，空所補充問題は本当にすっきり見える。しかし，空所補充問題のように問題形式が一見統一されて

第2部 テスト作成のつぼ

いても，問うている文法事項が様々であるために，「文法事項」の何が問題なのかがわからないことが少なくない。次の空所補充問題を見てみよう。

> 下の日本語の文の意味を表すように，カッコ内に当てはまる適当な単語を書きなさい。
>
> (1) Thank you (　) the interview.
>   インタビューをありがとうございます。
>
> (2) I am glad to (　) here.
>   ここに来られてうれしいです。
>
> (3) I have never (　) a Japanese joke.
>   私は日本語の冗談を聞いたことがありません。
>
> (4) How (　) have you been on this tour?
>   このツアーには，どれくらい参加していますか。
>
> (5) I've enjoyed (　) with you.
>   お話しできてとても楽しかったです。
>
> (6) (　) pleasure.
>   どういたしまして。
>
> 解答：(1) for　　(2) be　　(3) heard　　(4) long　　(5) talking　　(6) My

それぞれのテスティング・ポイントは，次のようになるだろう。

(1) 前置詞　　(2) 不定詞　　(3) 現在完了（経験用法）　　(4) 疑問詞表現
(5) 動名詞　　(6) 慣用表現

　これらの問題の出来からは，（仮にこれらの文が教科書の既習の文章からとられたものであることを別にしても）「文法知識」があるとかないとか，穴埋め問題が得意・不得意という程度のことしか言えないだろう。

　こうしたテスト・デザインになっているのは，もしかすると「定期試験」の文法問題が，熟達度テスト（proficiency test）の文法問題のデザインを踏襲しているためではないだろうか。熟達度テストとは，特定の指導を前提としていないテストである。そのため，熟達度テストでは，幅広い項目からサンプリングを行うことになる。この「幅広さ」は，「難

97

易度の幅広さ」でもあれば，「サンプリングの幅広さ」でもある。「サンプリングの幅広さ」とは，この場合，「文法項目の多様さ」を意味している。このようにデザインすることで，「一般的な文法力」を測ることができるのだ。しかしながら，こうしたテストの結果からは，指導の柱となっていた特定の文法の知識の習得がどうなっているかについて，知ることはできないだろう。

1.3. 定期試験における文法問題のあり方

それでは，到達度テスト（achievement test）である定期試験の文法問題は，どのように作るべきであろうか。

まず，定期試験でテストすべき文法項目のリストを作る。これらの文法項目は，その定期試験の対象となる文法項目の中から，評価対象とすべき項目を取捨選択する。教えた文法項目がすべて評価対象となることもあるかもしれないが，そのうちの一部だけが対象となることもあるだろう。また，文法項目の中には，グルーピングが必要なものもあるかもしれない。例えば，分詞による前置修飾・後置修飾，関係代名詞による後置修飾，などが範囲であれば，これらは1つのグループに入るかもしれない。このときに，グループごとの重みづけ，および，グループ内のそれぞれの文法項目の重みづけをし，それぞれに必要なテスト項目数も決めておくとよい。「分詞による前置修飾」についてであれば，「過去分詞（形）」の場合と，「現在分詞」の場合があると考えれば，最低2問は必要だし，それぞれが規則動詞の場合と不規則動詞の場合と考えれば，4問は必要となる，ということだ。

次に，それぞれのグループをどう測るかを決める。おそらくグループごとに相性のいいテスト方法があるだろう。例えば，文構造や上述の前置修飾・後置修飾などの syntagmatic な関係を見る場合であれば，並べ換え問題などとの相性がいいように思う。これに対して，時制や態の選択や前置詞の選択など paradigmatic な関係を問うのは，空所補充問題との相性がいいだろう。

ここまでいったら，それぞれのグループ内の文法項目を問うテスト問

題を作成していく。これまでの準備ができているので，問題を作ることはそれほど困難なことではないだろう。ただし，文法問題に使う文が，どのような場面で，どのような意図を持って，誰が誰に対して発しているのかを意識して作らないと，おかしな文になってしまうことがあるので，注意が必要だ。

　日本の定期試験における文法問題を見たときに，意外と4択や3択などの多肢選択式問題が少ないことに気づく。日本の定期試験における文法問題は，空所補充式の文法問題であっても，それぞれの空所に選択肢があるのではなく，選択肢が下に「プールされている」ことが多い。こうした問題は，英文を作ったあと，ポイントの箇所を空所にして，下にそれぞれの問題の正解の単語を集めればよいのだから，作成が容易である。ただし，こうした問題作りでは，選択肢がそれぞれの空所に複数あるわけではないので，各テスト項目のねらいが見えてこない。例えば，am/are/is が選択肢にあれば，be 動詞の現在形の区別をしているのだということがわかる。それに対して, because, so, but が選択肢にあれば，これは接続詞の使い分けを見ているのだということがわかる。多肢選択式問題では，正答の選択肢と誤答の選択肢を作ることで，テスティング・ポイントが明確になる。

2. 文法テストが測っている文法力再考

2.1.　文法テスト

　おそらく英語のテストの作成において，「文法テスト」の作成に困っている教師はほとんどいないだろう。それは教師自身がこれまでにたくさんの文法問題を経験してきており，他の領域のテストに比べレパートリーもたくさんあるためだ。

　その代表的なところは，空所補充問題や並べ換え問題であろう。これらは，それぞれ単語の形式や単語の並べ方に関する力を見ようとしている。例えば，ある文脈で，ここは am/are/is のうちどれが適切かとか，they/their/them/theirs のうちどれが適切かなどを見るのが前者のテストで，与えられた単語である文構造の文が作れるかとか，分詞による後

置修飾のある名詞句が作れるかなどを見るのが後者のテストである。

　中学校の教科書や授業は，基本的に文法シラバスによっている。その意味では，このような文法テストは意味があり，それぞれのテスト形式の役割を正しく認識して問題が作られていれば，ある程度の診断機能も果たすことになるだろう。

2.2.　文法力再考

　しかし，ここでは，そもそも文法力とは何であろうか，従来の文法テストで測ってきた文法力とは何か，文法力を見るには他の方法はないのか，というやや根本的な問題意識から出発したい。

　まず，文法力について考えてみよう。ここでは，文法の「知り方」を考えてみる。ある文法を頭でわかっているということと，それを実際に文脈の中で使えるということとは同じではない。3 単現の s や複数形の s などは，大学生になっても実際の運用ではよく間違える。おそらく知識としては知っていることだが，なかなか使えるようにはならない項目である。文法規則を文法用語などを用いて説明できる知識は declarative knowledge（おかしな訳だが「宣言的知識」と訳されたりする），使いこなせる知識は procedural knowledge（こちらは「手続き的知識」と訳される）と呼ばれる。

　また，文法知識は，explicit knowledge（明示的知識）と implicit knowledge（暗示的知識）という分類もできる。典型的には，母語の文法知識の多くは implicit なもので，explicit ではない。ただ，外国語でも，誤文を見たときに，なぜだかわからないがおかしな気がすると思えるのは，この implicit knowledge のおかげである。

　こうした枠組みで文法力を考えるならば，従来の文法テストは，declarative knowledge かつ explicit knowledge を主に見てきていたといえるだろう（もちろん中には，明確に説明はできなくても implicit knowledge でできてしまう問題もあり得る）。こう考えると，私たちが文法テストで見てきた文法力は，かなり限定的な知識だったのではないだろうか。

2.3. 技能を通しての文法力の測定

　文法力はすべての技能に関わっている。聞いたり，読んだりするとき
にも，書いたり，話したりするときにも，もちろん文法は関わっている。
したがって，これら4技能の使用を通して，文法力を見ることができ
るはずである。

　ただ，聞いたり読んだりという受容技能においては，特定の文法項目
に関するテストは作成しづらい。文レベルの理解に限定したとしても，
ある文法項目の理解だけを見ることは容易ではないからである。そもそ
も，3単現のsのようにコミュニケーション上の情報量のほとんどない
ものもあるし（David plays football every day. という文では， s はわ
からなくても文の理解にはまったく支障がない），受動態などであって
も，それを含む文にはいくつもの内容語が含まれ，その内容語をつなげ
るだけで語の関係性がほぼ推測されてしまう場合が少なくない。例え
ば，Sign A is seen in Australia. という文は確かに受動態の文であるが，
この聞き取りにおいて，A の標識とオーストラリアを結びつけること
は，受動態を理解していなくても可能である。

　では，話したり書いたりという発表技能の場合はどうだろうか。自由
に話したり書いたりさせれば，確かにおおよその文法力は見ることがで
きるだろう。しかし，特定の文法事項の測定を考えると，こちらがねらっ
た文法事項が使われるとは限らない。

　また，どれだけリスクを冒すかという個人差の問題もある。少しくら
い自信がなくても使ってみるというタイプの学習者と，かなりの自信が
ないと使わないというタイプの学習者がいるだろう。

　日本のような英語学習環境では，多くの場合，declarative knowledge
は procedural knowledge に先行するだろう。つまり，まず頭でわかっ
てから使えるようになるということだ。さらに，意識的に使おうと思え
ば使えるようになってからも，自分から選択して使いこなすというよう
な「自動化」したレベルに到達するには，さらに時間がかかるだろう。

2.4. 新しい文法テストの提案

こうして考えてみると，従来の文法テストにおいて，ある文法項目ができたと判断されても，それは①その文法項目だけに着目して，じっくりと考えれば正解を得られるレベルなのか，②その文法項目を意識して使おうと思えば使えるレベルなのか，③その文法項目を特別意識しなくても使いこなせるレベルなのか，わからないのである。

もちろん①のレベルについては，従来の文法テストで見ることができるし，③レベルの能力の有無を見るのであれば，実際に話させたり，書かせたりすることになる。話させたり書かせたりしたときに，コンスタントに正しく使いこなせていれば，習得ずみということができるだろう。しかしながら，中学の段階では，習った文法事項の多くは③のレベルまでなかなかいかないのが現状ではないか。

したがって，②のレベルの測定が，本来はもっと求められていいだろう。ただ，これに関しては，テストはおろか指導の場面でも，ほとんど目が向けられてこなかったと言える。そこで，このレベルの能力をテストする方法を以下に提案する。イメージは，従来型の文法テストを口頭で行うというものである。例えば，単なる並べ換え問題も，口頭で行うととたんに難易度は上がる。

cue: us　gives　our teacher　a lot of homework
→　Our teacher gives us a lot of homework.

また，従来型の be 動詞の現在形のテストも口頭で行えば，まったく別の問題といってもいいだろう。

次のポーズに am/are/is のどれかを入れなさい。

cue: I ... from India　→　I am from India.
cue: Koji ... from Osaka　→　Koji is from Osaka.

さらに現実の会話らしくすることも可能である（このような問題では，どのように答えるかを示す例題が必要かもしれない）。

相手の話しかけに，反対しなさい。
You were sleeping during the English class.
→　解答例：No, I wasn't.

第2部　テスト作成のつぼ

　これらの問題は，おそらく目で見て行うことはさほど困難ではないだろう。ただ，これを口頭でできるかどうかは，習得段階に応じてかなり差が出るのではないか。これらを口頭で行うとなると，対面で一対一で行うことになり，実用性が下がってしまう。もし対面での実施が難しいようであれば，音声で問題を一斉に流し，LLのような施設があるのであれば，生徒全員が同時に解答し，録音させることもできる。また，そうした施設がないのであれば，答えは書かせるというような筆記試験でも，ある程度先述の②のレベルに到達しているかどうかはわかるはずである。

　実は，こうした言語形式の操作能力があるだけでは，実際の言語使用場面で使えるとは限らない。実際の言語使用場面では，どの言語形式を使うべきかという判断を（瞬時に）行わなければならないのである。『特定の課題に関する調査（英語：「書くこと」）』（以下，『特定の課題（書くこと）』）では，学習者が自ら場面・状況を判断して，適切な言語使用ができるかを見る文法問題が出題されている。

〈放課後音楽室で〉

Koji: You play the piano very well!

＿＿＿＿＿＿＿＿＿＿ it for a long time?

　　　　　(play)

Mike: Yes. For ten years. I practice it every day.

『特定の課題に関する調査（英語：「書くこと」）』問題52内容A

　従来型の文法問題では，どういう形式を用いたらよいかが既定されていたが（『特定の課題（書くこと）』では，このタイプを「形式既定型」と呼んでいる），このテストでは，用いるべき言語形式を学習者が判断しなければならない（『特定の課題（書くこと）』では，「形式判断型」と呼んでいる）。上掲の問題及びそれと対応する「形式既定型」問題のそれぞれの通過率は，21.9％と84.3％となっており，その差はなんと62.4％である。ある言語形式を使うことと，その言語形式を使うかどうかを判断することには，大きなギャップがあることがわかる。

　根岸・村越（2014）は，文脈上求められる文法項目を判断させて産

103

出させる文法テストは，「手続き的知識テスト（procedural knowledge test，略して PK-Test)」と呼び，従来の文法テストは「宣言的知識テスト（declarative knowledge test，略して DK-Test)」と呼んで区別している。根岸・村越（2008）は，11 の言語形式について PK-Test と DK-Test を作成・実施し，その結果を分析した。PK-Test の結果は，作文における当該文法項目の出現と，多くの項目において高い一致を示しており，PK-Test は，文法項目の潜在的使用能力としての手続き的知識をかなりの程度予測できるとしている。

第2部　テスト作成のつぼ

第12章　単語テスト

1. 単語テストは必要か

　定期試験を見れば，たいていの定期試験には単語の知識を単独で問う問題が含まれている。いわゆる「単語テスト」である。これには，様々な理由が考えられる。1つは，英語の教師の多くは，単語の知識を英語力を支える重要な要素の1つと考えていること。また，学習の観点からいえば，単語というのは，学習者にとっては，ある意味わかりやすい学習対象であること。さらに，従来の観点別評価の「言語や文化についての知識・理解」の評価規準として，単語の知識が設定されてきたことも1つの理由だろう。

　しかし，その一方で，単語の知識を単独で問うことにはどのような意味があるのか，もう一度立ち止まって考えておくことは意味のあることではないか。そもそも，現実の言語使用においては，単語の知識が単独で問われることはきわめて限定的であろう。また，多くの単語テストで問われるような知識を持っていたとしても，それらの単語を実際に使えるかとなるとまた話は別である。

　国内外の代表的な英語能力テストの中には，こうした単独の単語テストが依然として存在しているものもあれば，かつては含まれていたが，すでに姿を消してしまっているものもある。「聞くこと」「話すこと」「読むこと」「書くこと」といった4技能のテストがあれば，これらのテストの中にも当然「単語」は含まれているわけで，「単語テスト」が単独で存在しなくてもよい，という考え方は充分に成り立つ。

　では，もし単独の「単語テスト」が必要だとすれば，何のために必要なのだろう。「単語テスト」に何らかの意義があるとすれば，それはおそらくテストが持つ診断的な機能ではないだろうか。「聞くこと」「話すこと」「読むこと」「書くこと」がうまくいっていない場合に，単語テストを併用することで，さらに踏み込んで，問題は単語の知識の欠如なのか，文法の知識の欠如なのかなど，診断的に診ることができる。

105

2. 単語テストの問題点

　語彙習得研究では，単語を知っていることとはどういったことかという議論が必ず展開されている。代表的なところを列挙する。

　①意味を知っていること

　②使うことができること

　③コロケーションを知っていること

　④語法を知っていること

　⑤ニュアンスがわかること

　⑥語の構成要素の知識があること

しかしながら，定期試験においては，日本語の訳語を書かせたり，絵と結びつけたりといったような問題が圧倒的に多い。これは，上の分類の①を問う問題である。他には，同義語・反意語を探すとか，仲間はずれの単語を探す問題とかであるが，現状において，定期試験で測定されている単語の知識は，かなり限定的であると言える。

　もちろん，限定的であっても，それが指導目標や評価規準と合致していれば，問題ないだろう。しかし，本来の指導目標や評価規準に対応する単語知識を測定するテスト方法のレパートリーがないために目的に合った測定ができていないとなれば問題である。

　ちなみに，熟達度テストとなると話は違ってくるかもしれない。この点に関して，Meara (1996: 46) は興味深い見方をしている。それは，個々の単語をいかによく知っているかを調べることと，学習者の語彙の状況についての全体的な評価とは区別すべきで，熟達度テストとしては後者が望ましいとしている。単語を知っているということが様々に定義されるとしても，それぞれに異なるタイプのテストを実施するのは，熟達度テストでは現実的ではないだろう。

　こうした問題の他に，現状の単語テストには，文脈の欠如という問題もある。定期試験においては，空所補充問題を別にすれば，多くの場合文脈がない。つまり，単語を単独で問うているのである。しかしながら，中学で指導する単語の多くは多義語であり，文脈がなければ，語義が定まらない単語がかなりある。ある定期試験では，then を日本語にしな

さい，という問題が出ていたが，これだけから「そのとき」を唯一の正解とするのはいかがであろうか。確かに，「教科書で学んだ単語の語義で言えば」という隠れた大前提のもとに実施するのであれば，定期試験としては機能するかもしれない。しかし，テストとしての妥当性は問題視されるべきである。基本的には，冠詞・前置詞・接続詞などの機能語や take や make といった多義語などは，文脈の中で問うべきであろう。

3. どの単語を問うか

テストの内容妥当性を考えた場合に，どの単語をテストするかを考えなければならない。定期試験であれば，単語のサンプリングの主たる対象は教科書の単語となると思われるが，問題はどの単語を出すかである。一口に教科書の新出単語と言っても，様々なカテゴリーがある。平成 28 年度版 *NEW CROWN English Series* で言えば，Words 欄に太字で示されている「最重要語」（約 600 語）と，並の太さで示されている「重要語」（約 600 語）と，破線以下に示された日本語の語義の書いてある単語とがある。大枠としても，この中のどのカテゴリーの単語を出題するのかを決めなければならない。さらに，これを決めても，実際には，そこに含まれる単語のすべてを問うわけにはいかないので，何らかのサンプリングを行うことになる。だとすれば，そのサンプリングは，ランダムに行うのか，出現頻度の高いものとするのか，（何らかの）重要度に基づくのか。いずれにしても，「適当に」選ぶのではなく，何らかの方針に従って行うべきである。

4. 音声による単語テスト

発信語彙と受容語彙ということを考えるならば，どれが意味がわかればよい単語で，どれが正しく書けたり，言えたりする必要のある単語かなども決めておく必要がある。もちろん，このことは生徒とも共有しておく必要があるわけで，指導の中で，教科書の中のどの単語は書けなければいけないのか，また，どの単語は（当面は）意味がわかるだけでよいのかを知らせておく必要がある。平成 28 年度版 *NEW CROWN* で言え

ば，「最重要語」は正しく書いたり，言えたりすることを求めるが，「重要語」は意味がわかればよく，それ以外の単語は，単独の単語テストでは問わない，という具合である。

　単語のテストとなると，いきおい単語を書かせたり，書かれた単語の意味を表す選択肢を選ばせたりしている。ただ，これらは，「4技能」という観点から見てみれば，前者は「書くこと」，後者は「読むこと」であることに気がつくだろう。しかし，少し考えればわかるように，単語の知識というものは，文字言語に関するものばかりではない。だとすれば，多くの単語テストは，この点，バランスを欠いていると言える。

　こう考えれば，単語の知識を「聞くこと」や「話すこと」というような音声に関わる技能として評価することも，それほど突拍子もない考えには思えないだろう。例えば，曜日などには綴りと発音の関係が，かなり例外的なものもある。Wednesday などは典型的な例だ。このような単語の場合は，聞いて意味がわかったり，口頭で言うことができるけれども，正しい綴りを書くことはできない学習者も初期の頃は少なくないかもしれない。授業では，日にちや曜日を言えているのに，テストではこれらの単語を「書かなければならない」となると，授業で行っていることとテストされていることがずれている可能性がある。

　もちろん，これは，評価規準の「言語や文化についての知識・理解」に，「単語の知識」がどう記述されているかによるだろう。Wednesday であれば，これが正しく綴れないだけなのか，言うということもできないのかなどは，分けて評価したほうが，その後の指導や学習にも活かせる。もし言えればいいのであれば，カレンダーを見せて，それぞれの曜日をランダムに指して，言わせればいいだろうし，聞くことができればいいのであれば，ある週の日にちと曜日を見せておいて，曜日を音声で聞かせて，その曜日の日にちを書かせるということでもいいだろう。要するに，単語テストでも，見るべき能力とテスト方法を合致させることが重要である。

第2部　テスト作成のつぼ

第13章　テストはいつ実施するか

1.「わかること」から「使うこと」への変化とその評価

1.1.　言語習得のプロセスと評価

　私たちの言語習得のプロセスは，実はかなり複雑である。今日学んだことがすぐにできるようになるわけでもないし，きちんと学んでいなくてもいつの間にかできてしまうこともある。

　後者のようなケースはあり得ないと思われるかもしれないが，言語的に複雑な現象などはメタ的な説明がうまくいかなくても，「言語習得装置（language acquisition device）」が働いて，しばらくすると（勝手に）できるようになると考えることもできる。なんだか理由はよくわからないけれども「絶対これが正しい」などと言えたりするのもこのおかげである。

　一方，前者の場合，「教育評価」という観点から考えると深刻な問題を提起することになる。現在，学校教育での評価は，英語に限らず常に学んだ直後に行われているが，これはある種の知識しか見ていないことになるのではないだろうか。ここでは，こうした評価を繰り返すことで，言語習得の大事なものを見落としていないかについて考えてみたい。

1.2.　できるようになるプロセス

　まず，言語習得の大まかなプロセスを確認しておくと，日本で外国語として英語を学ぶ場合は，たいてい教室環境で学ぶことになる。とすると，ほとんどの場合，演繹的にせよ帰納的にせよ教師がルールを説明し，生徒はまずそのルールを理解しなければならない。したがって，生徒にとっての第一関門は，その「ルールが理解できる」かどうかである。次に問題となるのが，このルールを適用できるか，つまり，「使える」かどうかである。「ルールが理解できること」と「使えること」は必ずしも同義ではない。さらには，「使えること」と「使うこと」もまた別である。なぜなら，使えるからといって，実際に「使う」かどうかはわか

109

らないからである。ある程度，自分でも自信があり，余裕をもって使えるようでないと，「使う」こと自体を避けてしまうこともある。なお，この場合の「使う」というのは，特定の言語材料を使わなければならないという指定がない状況で，辞書などの参考資料を使わず自力で書いたり，特段の準備をせず即興で話したりする場合のことである。

　もう一度整理すると，言語習得には「わかる段階」「使える段階」「使う段階」がある。この観点からこれまでの評価を振り返ると，それはもっぱら「わかる段階」への到達の有無に焦点が当てられていたと言える。もちろん，学習の最初の段階でルールを理解したかどうかという情報は大切である。しかし，それだけでは，全体像を見失っていることになるのではないだろうか。ルールを「使える」ようになっているかどうか，また「使う」ようになっているかどうかということも，わかることと同じくらい，あるいは，それ以上に重要な情報である。

1.3.　習得になぜ時間がかかるか

　ルールを理解してから，使えるようになったり，使うようになったりするまでには時間がかかるが，その原因はさまざまである。

　まず，「操作が複雑なもの」はなかなか使えるようにはならないと考えられる。日本人にとっては，受動態などはこれに当たるかもしれない。be 動詞の正しい形を選択したり，動詞を過去分詞形に変えたりしなければならないからだ。また，一般動詞の疑問文も教師が思っている以上に初学者にはやっかいである。これらはどちらも，学習者がその文法項目を使うために，いくつものステップを踏む必要があるものである。

　次に，いったん学んで以降，滅多に出会わないものや，あまり使う必要がないものは，なかなか身につかない。例えば，比較級・最上級などは，学んでもそのあとに常に出てくるというわけでもない。

　それから，冠詞のようにその概念自体がわかりづらく，イメージ化が難しいものも習得に時間がかかる。冠詞は，名詞につけるだけということで特に複雑な操作は必要なく，学習のほぼ最初の段階から毎日のように出てくる。それにもかかわらず，日本人がなかなか正しく使えるよう

にならないのは，その概念が意外と（日本人にとって）やっかいだからだろう。

　また，ほかにも，指導方法が原因で習得に時間がかかってしまうのではないかと思われるものもある。例えば，関係詞はよく２つの文を合体するというように教えられているが，このように教えられると，関係代名詞を含む文を言うためには，あらかじめ２つの文を考えておいた上で，これらの文をつなぐ作業をしなければならなくなる。しかし，まず１つの文を考え，次にその中の名詞を関係代名詞で別の文とつなげるのであれば，それほど負荷はかからず使えるようになるかもしれない。それから，使う練習がまったくなされないもの，練習の量が足りないものなども，なかなか使えるようにならないだろう。

1.4.　わかるようになるプロセス

　わかるようになるプロセスも，実はさまざまである。下のグラフは，ある英語力調査の中の文法・語彙問題の正答率の変化の概略を示したものである。

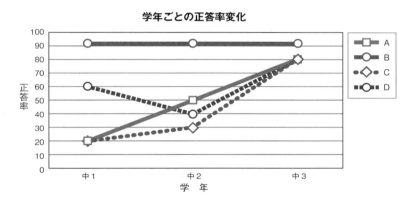

学年ごとの正答率変化

　この調査では，中学１～３年生が参加し，その中のいくつかの問題は，３学年共通で出題されている。したがって，この共通問題の正答率を見ていくと，中１で学んだ言語項目が，どのようなパターンでできるようになっていくかがわかる。

このデータを見るまでは，私自身は何となく「徐々に正答率が上がっていく」というようなイメージを持っていた（グラフ中の A のパターン）。しかし，項目の中には，最初からほとんどの生徒が正答しているが，正答率はそれ以上にはあまり上がらない項目もある（グラフ中の B のパターン）。

また，中1，中2では正答率が低いが，中3になると正答率が急に上昇する項目もある（グラフ中の C のパターン）。こうした項目は，おそらく本当の理解までにかなり時間がかかるということであろう。

さらに，学習した直後はある程度の正答率を示すが，中2になるとそれが下がり，中3でまた上昇を示すものもある（グラフ中の D のパターン）。この原因は明らかではないが，操作性の複雑なものは，学習した直後はそこそこできるが定着はしておらず，本当の意味でできるようになるには，かなりの時間を要するということかもしれない。

1.5. 観点別・絶対評価への示唆

今日，日本で行われている観点別・絶対評価では，指導の直後にその成否を見ているが，その指導項目がその後どうなっていくかは評価対象となっていない。もちろん，文法などのテスティング・ポイントが明確に絞られていない，「ライティング・テスト」や「リーディング・テスト」などでは，その中に既習項目が含まれることはある。しかし，これらはたまたま含まれているのであって，狙って見ているわけではない。長期的展望という視点に基づく評価結果は，今日の日本の評価システムではどこにも行き場がないが，生徒の英語力の発達を追い，指導のあり方を考える上では，とても重要なものである。

2.「時間差テスト」の勧め

2.1. 定期試験の常識と問題点

生徒の評価にあたり，その中心となるのが「テスト」による評価であろう。そして，その「テスト」の中心となるのが定期試験である。

定期試験は，改めて言うまでもないが，一定の学習を終えたあとに，

定期的に実施される到達度テストである。学期に2度,「中間試験」「期末試験」として行われることが多いが,「期末試験」のみというところもある。試験の対象となるのは,通常その前の定期試験の試験範囲の後から,当該の試験が実施される前までの学習範囲となる。そして,この定期試験は,生徒が入学してから卒業するまで,定期的に実施される。

しかしながら,毎回の定期試験の内容同士が密接に関連づけられているわけではない。それは,定期試験は,それぞれの期間の学習範囲だけを試験対象としているからである。定期試験という枠は同じであっても,中身は毎回異なっている。

ところが,このような定期試験のあり方には,言語学習の特性を考えると,問題点が見えてくる。言語は,それが母語であれ外国語であれ,実はとても長い時間をかけてゆっくりと獲得されるものである。したがって,そのプロセスも,時間的に長いパースペクティブの中で見ていく必要がある。にもかかわらず,定期試験というシステムでは,学習直後(1,2ヶ月の時間は言語習得の時間的なパースペクティブから言うとかなり短い期間と言える)の理解の具合だけを見ていることになる。

2.2. 「時間差テスト」の勧め

みなさんは「時間差攻撃」という言葉を知っているだろうか。「時間差攻撃」とは,ミュンヘン・オリンピック優勝の日本男子バレーボール・チームが考案したバレーボールの戦術の1つである。ここでは,これにならって「時間差テスト」というテストを提案する。この「時間差テスト」とは,教えたときから時間をずらして行うテストのことを言う。例えば,ある文法項目を教えた直後は,生徒の側もその文法項目がテストされると思って準備しているが,少し時間がたつと,このような意識は薄れてくる。意識が薄れたところで,テストをするのである。このことで,本当の意味で,その文法項目が身についているのかどうかを見ることができる。

同じ問題でも単に時間をおいてやってみるだけで,出来具合は違ってくるだろう。これによって,定着の度合いを見るのだ。当たり前のこと

かもしれないが，こうした定着度合いなどは，これまでほとんど注目されてこなかった。もしこのようなテストを実際にやってみれば，いかに「基礎的な（と教師が思っている）事項」であっても，思いのほか身についていないことがわかるだろう。

また，同じ言語項目であっても，それが現れる文脈であったり，その言語項目が含まれる文の負荷が高かったりすると出来が異なってくるだろう。例えば，ある学習者が He lives in Tokyo. という文を言えたとしても，それだけで3単現の s が習得されたとは言い切れない。文が長くなったり，使い慣れていない単語を使って文を作ろうとしたりすれば，あるところでは「できた」言語項目の使用が「できなくなる」ことはあるはずだ。この意味では，言語項目の習得というのは，白か黒かというほど単純なものではないのだろう。

2.3. 「時間差テスト」のもう1つのメリット

時間をおくことで，さらなるメリットもある。「英語」は積み上げ教科であるから，通常学習が進むと，関連する学習項目が出てくることになる。そこで，その新しい学習項目との使い分けができるのかどうかということも，この「時間差テスト」では判断できるようになる。

まず，文法の習得について考えてみよう。文法の習得では，文法形式の処理を身につけなければならない。例えば，現在進行形では，人称や時制によって be 動詞の適切な形を選択し，その後に動詞の原形に ing をつけることになる。定期試験では，こうした処理について主に見ていると言えるだろう。しかし，現在進行形を習得したというには，これだけでは不十分である。文脈の中で，時制に関わる様々な言語形式のうち，現在進行形がふさわしい場面で，その形式を選択できなければならないのだ。

しかしながら，定期試験では，学習した言語材料だけが試験対象となるために，動詞の時制がらみのテストとしては，現在進行形の「決め打ち」のような形となる。これは，テニスにたとえるなら，バックハンドの練習として，バックを打つための球だけを出して，バックが打てるか

第2部　テスト作成のつぼ

を見るようなものである。しかし，これができたからといって，実際の試合ではバックが打てるとは限らない。来たボールに対して，バックで打つか，フォアで打つかの判断を瞬時に行って体勢を整えなければならないからだ。

　では，このような力を見る「時間差テスト」とはどのようなものか，実例を見てみよう。

（　　）内の語に必要な語を補って下線部に入れ，会話が成り立つようにしなさい。ただし（　　）内の語は必要に応じて形を変えること。

Paul : Where is Mother?

Mr Green : ＿＿＿＿＿＿＿＿ in the kitchen. (cook)

Paul: Oh, I see.

解答：She is cooking

　この問題では，文脈から現在進行形の使用を判断した上で，その形を作らなければならない。

　こうして考えてみると，中学で学習する動詞がらみの文法項目だけでも，このような「時間差テスト」の候補はかなりあることがわかる。

　・be 動詞と一般動詞の疑問文・否定文の作り方の区別
　・単純現在と現在進行形の区別
　・現在進行形と過去進行形の区別
　・過去形と現在完了形の区別

　また，これらの項目同士の組み合わせもあるだろう。例えば，現在形，過去形，現在完了形の３つの区別となれば，かなりやっかいである。こうして見てくると，多くの定期試験では，これらの対比的な視点が随分と欠落してしまっているのではないか。

2.4. 「時間差テスト」応用編

　もちろん，「時間差テスト」の対象となるのは，動詞がらみの文法項目とは限らない。前置詞などもいくつかまとまったところで，その使い分けを問うことが必要だろうし，定冠詞と不定冠詞も使い分けができる

115

かどうかが重要である。

また，意味や言語機能でも同じことは言える。例えば，can や may や must という助動詞には，「…できる」「…してもよい」「…しなければならない」という意味のほかに，可能性に関わる意味もある。これらの意味が出揃ったところで，その使い分けに関する問いかけをしてもいいだろう。

2.5. 3年間を見通して

受験勉強に向き合って初めて，3年間の学習項目の定着の度合いを知るというのでは，本当は遅すぎるし，学習としても効率的ではないだろう。このようなテストを「定期試験」の中で採用するかどうかは，議論の余地があるかもしれない。しかし，広い意味の「評価活動」においては，「時間差テスト」で見えてくるような定着が図られているかを知ることは非常に重要である。そして，こうした「時間差テスト」を行うためには，3年間を見通した指導と評価の計画を立てることが重要であるのは，言うまでもない。

同じような発想としては，以前に金谷憲先生がおっしゃっていた，定期試験の再利用という方法もある。これは，一度実施した定期試験を後日予告なしに再度実施するというものである。このようなシステムが確立していると，一度実施した定期試験の復習への取り組みの真剣味も増すだろうし，その後の定着の度合いも見ることができる。何しろ，一度作った定期試験なので，作成の手間が全くかからない。

第2部　テスト作成のつぼ

第14章　既製テストの問題利用を考える

1. 既製テスト問題の利用と著作権問題

　定期試験の検討会に招かれることがあるが，その際に，教師自身の手によらないテスト問題が含まれていることがある。それは，文法のテストであったり，リーディングやリスニングのテストであったりする。ここでは，こうした他者の手によって作成されたテスト問題の定期試験での利用について，考えてみたい。

　リーディングやリスニングのテストでは，テキストだけを借りてきている場合と，それらに伴う設問も借りてきている場合とがある。後者の場合は，いわばまるまる借用していることになる。リスニングなどは，ときに選択肢が絵で提示されていて，それらが切り貼りしたような形で，試験に貼り付いているので，痛々しい。また，リスニング・テストの音声素材も編集されていないので，CD で該当箇所の音声だけを流すという話も聞いたことがある。

　既製テスト問題は，そもそもどこからとられているのだろうか。その出典は，主に3つであろう。1つは，入試。もう1つは，英検などの外部試験。そして，もう1つは，問題集だ。これらの問題を利用することは，著作権法上どうなっているのだろうか。以下が，関連する部分である。

> 　著作権法第36条第1項　公表された著作物については，入学試験その他人の学識技能に関する試験又は検定の目的上必要と認められる限度において，当該試験又は検定の問題として複製し，又は公衆送信（放送又は有線放送を除き，自動公衆送信の場合にあっては送信可能化を含む。次項において同じ。）を行うことができる。ただし，当該著作物の種類及び用途並びに当該公衆送信の態様に照らし著作権者の利益を不当に害することとなる場合は，この限りでない。

『著作権法』（http://law.e-gov.go.jp/htmldata/S45/S45HO048.html）

　ここからわかるように，新聞記事や小説などの英文を定期試験などで利用することは，可能である。ただし，これらの利用に当たっては，出

典を明記することが望ましいと思われる。たとえテスト自体に明記できない場合でも，模範解答などには示すべきだろう。

それに対して，新聞記事や小説などに基づいて作られたテスト問題には著作権が存在する可能性があるので注意が必要だ。英語の単語の意味を日本語で書かせるような問題には，著作権が問題とならないのは，単純な数式を解く問題や，漢字の読み，書き取りの問題が著作物とは考えがたいというのと同じであるが，創作性を有するものであれば，全体として編集著作物と考えなければならないこともある。したがって，特に，コミュニカティブなタスク性の高い問題の利用には慎重であった方がいいだろう。要するに，テスト問題は，問題作成者の「クリエイティブな作品」であるという認識とその問題の作成者に対するリスペクトが必要だということだ。

以下では，こうした著作権の問題をクリアしているとの前提で，既製テスト問題の利用について考察する。

2. 既製テスト問題を定期試験に利用する場合の問題点

入試や英検などの外部試験は，定期試験などとはまったく異なる目的を持っている。入試は受験者の英語力の弁別を主たる目的としており，英語力がきれいに弁別されればよい。また，英検などの外部試験は，それぞれのテストの目的があり，それらの多くは，ある基準への達成を見ようとしている。いずれにしても，特定の言語知識や技能を集中的に見ようとするものではない。そのため，基本的に「様々な言語知識や技能」を幅広くサンプリングしようとしている。また，能力の弁別に主眼が置かれているので，「言語知識や技能」が複合的に問われていても，問題はない。

これに対して，定期試験の目的は，指導や学習の成否を見ることである。基本的には，定期試験では，それぞれの評価規準に対応した問題が出題されることになっている。複合的な問題を出していると，その結果をどの評価規準として扱うかに問題が生じてしまう。

既製テスト問題をテスト項目ごとに利用する場合，それぞれのテス

ティング・ポイントのずれが生じていないか，確認する必要がある。また，一見テスティング・ポイントが合っていたとしても，その問題に含まれるその他の部分の単語や文法といった要素にも注意が必要である。それらの知識の欠如が，定期試験の実施対象の生徒の問題の正解を妨げてしまう可能性がある。例えば，次のような入試問題があったとしよう。

下の文の（　　）の中に入れるのにもっとも適するものを，あとの1～4の中から1つ選び，その番号を書きなさい。

This robot (　　　) for cooking in the future.

1. uses　　2. is used　　3. is using　　4. will be used

この問題は，動詞の時制に関する知識を問うように思われる。しかし，もし in the future という表現が未習であれば，2を正解と思ってもおかしくないだろう。

入試の過去問などを集めて，文法のカテゴリーごとに分類している問題集があるが，これらの利用も注意が必要である。先述のように，入試問題の作成に当たっては，問題作成者の最大の関心事は，受験者の能力の弁別である。そのため，テスティング・ポイントが複合的であることもあり，それらを1つの文法のカテゴリーに分類することは難しい。それにも関わらず，問題集では後付けで特定の文法のカテゴリーに分類されるため，当該の文法の知識以外の要素の知識がなければ解けないこともある。

3. 受容技能の既製テストの問題点

では，受容技能の既製テストを用いる場合はどうだろうか。受容技能のテストは，テキストとそれに関わる設問から成る。

まず，リーディングでも，リスニングでも，そのテキストが，授業で読んだり聞いたりしたものとどのような関連性があるかを確認しなければならない。テキストの特徴としては，テキスト・タイプやジャンル，トピック，メディアなどがあるが，どの観点の類似性を追求するのかということになる。例えば，授業で物語文を読んだのであれば，テストも物語文にすべきだし，授業でアナウンスを聞いたのであれば，テストも

アナウンスを用いるべきであろう。

　トピックの類似性は，もう少しやっかいかもしれない。例えば，教科書の方が，何かのスポーツのトピックだとして，トピックをスポーツで揃えるのか，教科書で扱った特定の競技で揃えるのか，選手のレベルまで揃えるのかなど悩ましいところだ。類似性が高ければ高いほどよさそうであるが，教科書のテキストとの内容のかぶりが出てしまい，本当の意味での理解を問えないということもある。

　考えなければならないのは，テキスト・タイプやトピックのことだけではない。当然言語レベルも考慮する必要がある。特に入試問題は，すべての学習を終えた前提で作られているので，未習の語彙や文法が入っていないか確認する必要がある。未習の語や表現があった場合は，注をつけるなどして対処することになるだろうが，あまりたくさんの注をつけるのは考えものである。そのような場合は，テキストそのものの使用を見直した方がいい。

　相応しいテキスト・タイプやトピック，言語レベルのテキストが見つかったとして，次に考えなければならないのは，設問である。この設問は，どのような読み方や聞き方を求めるかに関わるものである。まず，テキストにもともとついていた設問をそのまま用いる場合であるが，それが指導目標の読み方や聞き方に合っているかの確認が必要である。

　テキストに元々ついていた設問とは別のオリジナルの設問をつける場合は，そのテキストのどこを問えるかを考えて，設問を作るのではなく，基本的には授業で用いたものと同様のリーディング・タスクやリスニング・タスクを用いるとよいだろう。もちろん，授業でのタスクとテスト・タスクは，様々な要件によって多少異なることはあるだろうが，原則としては同じスキルを問わなければ，授業計画で設定してある評価規準と異なってしまう。

4. 既製テストの波及効果

　既製テストの生徒への波及効果はどのようなものであろうか。生徒にとってみれば，授業でやった問題やテキストがそのまま出るわけではな

いので，このような既製テストがどのような波及効果を及ぼしているのかをモニターすることは重要である。

　既製テストが，単なる実力テストであると思われているとしたら，それは問題である。実質として，実力テストになっている場合はもちろん，生徒の認識として，実力テストと捉えられている場合も，問題である。これは，Green (2013) の波及効果モデルにも示されている。テストが重要であると認識されていない場合は，テストの波及効果は強くないだろう。

Washback will not be intense—learners are not likely to change the way in which they learn in order to prepare for the assessment—if doing well doesn't really matter to them.

(Green, 2013; 89)

　単なる実力テストと思われないためには，何らかの観点で，授業とテストがつながっていなければならない。また，こうしたつながりを生徒に説明しておくことも重要であろう。そうすることで，定期試験に向けて，生徒はテストのねらいを正しく認識し，勉強に励むことができる。

第 **3** 部

テストとつなぐ
CAN-DO リスト

第15章　CAN-DO リストの作成

1. 文部科学省の「5つの提言」

　平成 23（2011）年，文部科学省より「国際共通語としての英語力向上のための5つの提言と具体的施策」が発表された。そのうちの提言1に「生徒に求められる英語力について，その達成状況を把握・検証する」とある。そして，具体的施策には次のように書かれている。

　○国は，諸外国の取組も参考にしながら，国として学習到達目標を「CAN-DO リスト」の形で設定することに向けて検討を行う。
　○中・高等学校は，学習到達目標を「CAN-DO リスト」の形で設定・公表するとともに，その達成状況を把握する。国や教育委員会は，各学校が学習到達目標を設定・活用する際に参考となる情報を提供するなど，必要な支援を行う。

　この発表を受け，各中・高等学校において CAN-DO リストの作成が進んでいる。しかしながら，そもそも CAN-DO リストの理解が十分でないために，その作成は困難を極めているようである。また，どうにか作ってはみたものの，利用されずに，放っておかれるケースも少なくない。

2. CAN-DO リストとは何か

　「英語で何ができるか」という行動を記述したものを CAN-DO ディスクリプタ（descriptor）と呼んだり，CAN-DO ステイトメント（statement）と呼んだりする。余談であるが，この CAN-DO の表記には様々なバリエーションがあり，頭を悩まされる。英語では（当然のことながら半角で）Can Do や Can-Do，can do のように表記されることが多いが，上記の文部科学省文書の中では「ＣＡＮ－ＤＯリスト」と全角で表記してある。本書では，半角の CAN-DO を採用することとする。

　私たちは，英語の授業では英語の単語を教えたり文法を教えたりしているが，最終的にはこれらの知識を使って，生徒には英語で何かをでき

第3部　テストとつなぐCAN-DOリスト

るようになってほしいと考えているはずだ。言語の知識を使って最終的にできるようになって欲しい行動を表すものが，CAN-DOディスクリプタやCAN-DOステイトメントであり，CAN-DOリストはそれらを集めたものである。

　昨今の検定教科書は，学習指導要領の趣旨を反映して，オーセンティシティの比較的高い言語活動が豊富に掲載されているものが多い。そして，教科書通りに授業が進むのであれば（この前提は必ずしも一般的ではないが），授業ではこれらの言語活動が行われるはずである。様々な言語材料は，これらの言語活動の遂行のために用いられるように設計されている。

　しかしながら，言語活動の部分が飛ばされ，独自の活動が行われていることもある。また，教科書通りに教えていても，日々の授業に追われていると，教えることに汲々として，「教科書を教えることで最終的にどのような生徒を育てたいのか」ということを忘れがちである。よく「教科書を教える」のではなく，「教科書で教える」のだと言われるが，CAN-DOリストの開発では，まさに「教科書で教え」て，その結果「生徒が何をできるようになるのか」が問われているのだ。

3. CAN-DOリストをどう作るか

　まずは，それぞれの技能について，授業で，どのような言語活動を取り入れているのか振り返るのがよいだろう。

　①教科書ではどんな言語活動に取り組んでいるか。

　②教科書以外ではどんな言語活動に取り組んでいるか。

　そうして振り返った，授業で行った言語活動の経験の積み重ねから，卒業時や学年の終了時にどのようなことができるようになっているかを考えることが必要である。

　既存のCAN-DOリストは，特定の授業や教科書に完全には対応してはいない。そのため，実際に活用可能なCAN-DOリストを作るには，生徒の実態や教科書などを考慮しながら，長期的・中期的な到達目標をCAN-DOリストの形式で設定するという作業が必要だ。

125

CAN-DOリストを含む代表的な枠組みに，Common European Framework of Reference for Languages（CEFR）（Council of Europe, 2001）がある。CEFRは，ヨーロッパの言語学習・指導・評価のための共通枠組みであり，そこでは，初学者のレベルから上級学習者のレベルまで，たくさんのCAN-DOディスクリプタが提供されている。

　また，このCEFRを日本の英語教育に適用したCEFR-Jも参考になるだろう。CEFR-Jについては，『CEFR-Jガイドブック』（投野，2013）やCEFR-Jのサイト（http://cefr-j.org）を参照されたい。これ以外にも，GTEC for STUDENTS can-do statementsや英検Can-doリストも日本の英語教育のために開発されたCAN-DOリストであり，利用価値は高いだろう。

　CEFR-JのCAN-DOディスクリプタからいくつか紹介する。

「聞くこと」A1.3：（買い物や外食などで）簡単な用をたすのに必要な指示や説明を，ゆっくりはっきりと話されれば，理解することができる。
「読むこと」A1.3：簡単な語を用いて書かれた，挿絵のある短い物語を理解することができる。
「話すこと（やりとり）」A1.3：趣味，部活動などのなじみのあるトピックに関して，はっきりと話されれば，簡単な質疑応答をすることができる。
「話すこと（発表）」A1.3：前もって発話することを用意した上で，限られた身近なトピックについて，簡単な語や基礎的な句を限られた構文に用い，複数の文で意見を言うことができる。
「書くこと」A1.3：自分の経験について，辞書を用いて，短い文章を書くことができる。

　例えば，「趣味や好き嫌いについて複数の文を用いて，簡単な語や基礎的な表現を使って書くことができる」（CEFR-JのA1.3より）を学年目標とした場合，「趣味や好き嫌いについて複数の文を用いて書く」ことに直接つながる活動が教科書にあるかどうか確認し，ない場合は，次のいずれかを選択することになる。

第3部　テストとつなぐCAN-DOリスト

・この目標を設定しない
・「友達のことについて複数の文を用いて紹介文を書く」活動が教科書にあるので，目標のディスクリプタをそのように修正する
・目標に合わせて，教科書にはない自作の言語活動を実施する

　検定教科書の多くは，「文法シラバス」によってはいるが，「新出文法事項の理解および活用」といった目標はCAN-DOリストの意図とは異なることに留意しなければならない。言語を用いた結果，「どんな行動ができるか」を示すのがCAN-DOリストの役割で，こうした考え方を行動中心主義（action-oriented approach）という。「行動」とは，学習指導要領でいうところの「言語の働き」（例：苦情を言う，約束する，招待する，など）を，ある目的の達成のために，いくつか組み合わせて遂行することと考えられる。

　CAN-DOリストの作成に当たっては，授業や教科書の言語活動から発想して積み上げていく方法と同時に，学習の到達点を行動で考えてみるという方法も必要であろう。「英語で何ができるようにするか」を考えるにあたり，教師が自身の英語使用経験を振り返ってみることも重要である。これは，コミュニカティブ・テスティングでのテスト作りと同様，「書くこと」であれば，誰に向けてどんな用件でどんなタイプの文章を書いたことがあるかを振り返るのである。例えば，「そういえば，先日うちのALTに，授業の打ち合わせのためのミーティングの日時を知らせるメールを送ったなあ」とか，「かつてのホスト・ファミリーに旅先から絵はがきを送ったなあ」というような具合である。CAN-DOのもともとの発想は，実際の言語使用から来ているから，「教科書の本文を読んだ」「英語の講座を聴いた」というようなものではダメである。本来の目的が英語学習ではなく，何かの目的のために英語を使う行動でなければならなければならない。同じ何かを読むのでも，行動につなげるのであれば，「何かの器械の使い方がわからないから，その器械を使うために取扱説明書を読んだ」とか，「上映中の映画のうちどれを見るかを決めるために，映画の宣伝文句やあらすじを読み比べた」というようになる。

127

こうした作業を行う際に，ネックとなるのは，意外と教師の英語使用経験が限られていることだ。これまでにワークショップの経験によれば，ALTとのつきあいや海外研修などの経験があることから，口頭の「やりとり」はいくつも思いつくが，口頭の「発表」や「書くこと」となると思いつく経験はそう多くない（CEFRでは，「口頭のやりとり」と「口頭発表」が区別されている）。せっかく身に付けた英語の知識だ。自分でいろいろ経験することで，生徒の学習到達目標の設定にも役に立ててほしい。

　こう書くと，なんだかとてもレベルの高い話で，日本の中高生とは縁もゆかりもないような気がしてくるが，そうでもない。たとえ日本の中学生であっても，ファストフードのメニューや簡単なポスターや日本の英字新聞のテレビ欄や天気予報欄であれば，大半は理解できるし，名前・出身・趣味程度の内容を含んだ自己紹介であれば，ほとんどの生徒に経験があるだろう。

　このようなCAN-DOリストを，卒業時をイメージして作ってみてはどうだろうか。これを作成することは，目の前の生徒をどのような英語学習者・使用者にして，送り出すのかと考えることになる。それがイメージできたら，今度はどのような道筋を通ってそこに行き着くかを考える。その上で，次に各学年終了時での到達点をイメージすることだ。

　平成29（2017）年告示の『小学校学習指導要領（平成32（2020）年施行）』および『中学校学習指導要領（平成33（2021）年施行）』の外国語では，目標が「～できるようにする」とされた（ちなみに，小学校の外国語活動では，目標は「～するようにする」となっている）。例えば「聞くこと」の目標は『中学校学習指導要領』では次の通りである。

(1) 聞くこと
ア　はっきりと話されれば，日常的な話題について，必要な情報を
　　聞き取ることができるようにする。
イ　はっきりと話されれば，日常的な話題について，話の概要を捉
　　えることができるようにする。
ウ　はっきりと話されれば，社会的な話題について，短い説明の要

第3部　テストとつなぐ CAN-DO リスト

点を捉えることができるようにする。

これは，教師目線の目標の記述であるが，生徒目線の記述にすれば，CAN-DO リストとなるだろう。こうしたリストが提示されると，個別の CAN-DO リストは必要ないように思われるかもしれないが，そうではない。まず，これらの目標は，教科書にどのように実現されているかを確認する必要がある。「外国語」の「目標」は，3年間の目標が書かれているために，それらをどのように達成するかは，教科書によっても異なるだろうし，また，その教科書を用いる教師によっても異なるだろう。それぞれの学年の終了時の到達目標も設定する必要がある。さらに，上の「聞くこと」の「目標」のうち，「日常的な話題について，話の概要を捉える」というときの「日常的な話題についての話」とはどのようなテキストなのか，「概要を捉える」とはどのようなタスクにより見ることになるのか，などを決める必要がある。

4. CAN-DO リストを作ったら

仮に学習指導要領のこのリストが中学卒業時の到達目標だとしてみよう。これらは単なる文言なので，「聞くこと」の「指示や説明」や，「読むこと」の「挿絵のある短い物語」は具体的にどのようなものかを探して決めたり，「話すこと」であれば「生徒のパフォーマンスの実例」，「書くこと」であれば「文章の実例」などを用意できるとよい。通常，いくつかの例を示すことで，イメージが湧きやすくなる。これらはベンチマーク（benchmark）と呼ばれるものだ。

近年では，テキストの特性を機械的に分析してくれるサイトもネット上にいろいろなものがあるので，ベンチマーク・テキストの作成やテキスト・レベルの決定に当たっては，これらを利用することもできる。例えば，English Profile Programme の English Vocabulary Profile にある Text Inspector（http://englishprofile.org/wordlists/text-inspector）を利用すると，調べたいテキストをコピペするだけでテキスト中の単語の CEFR レベルとその比率を示してくれる。また，CEFR-J のサイト（http://cefr-j.org/index.html）にも，CEFR-J Wordlist が公開されているので，

129

参照されたい。文法については，English Grammar Profile（http://englishprofile.org/english-grammar-profile）というウェブサイトもある。

　CAN-DO ディスクリプタが，実際に到達できたかを知るには，教師による観察や生徒による自己評価，または，テストなどを行うことになる。指導と評価の一体化ということから言えば，教師や生徒はこれらのことをある程度自信を持って評価できるようになっていなければならない。この際注意しなければならないのは，CAN-DO ディスクリプタは，学習者が自力でできることを書いたものなので，教室の中で教師や友達などの様々な助けを得ればできるというようなことは「できる」とは判断されない。

　ただ，いざテストを作ってみると，CAN-DO ディスクリプタは，かなり解釈の幅がある場合もあり，教師間のタスクイメージが異なることがあるので，実際のタスクやパフォーマンスのイメージをもとにした目線あわせが必要である。

　到達目標が確定したら，それらが教科書を用いた現状の指導で達成できるか，日々の授業の積み重ねが，ひとつひとつの目標をどう達成するかを考えるのである。また，卒業が近くなったら，生徒がこれらの目標をどのくらい到達したかを確認することになる。そこから，次の課題を見いだしたり，到達目標を修正したりすることになる。CAN-DO リストによる，こうした振り返りが真の PDCA サイクルにつながっていく。

第3部　テストとつなぐCAN-DOリスト

第16章　CAN-DOリストの使用

1. 使われないCAN-DOリスト？

　各学校におけるCAN-DOリストの作成状況や利用状況はどのような
ものであろうか。文部科学省の指導もあり，CAN-DOリストはほとん
ど提出済みという地域もあるが，全体としてはまだらだ。文部科学省
（2015）における中学校の「『CAN-DOリスト』による学習到達目標の
設定状況」を見ると，平均では31.2％であるが，都道府県別では1.7％
から100％までとだいぶ幅がある。

　このうち，CAN-DOリストを公表している学校は全体の5.0％で，
CAN-DOリストに基づき達成状況を把握している学校は15.3％である。
つまり，提出済みであっても，ほとんど「使ってない」というのが現状
のようだ。大多数の学校では，公表もしていないし，評価にも使ってい
ないのだ。

　「公表」については，「『学校だより』や『英語科通信』等で紹介したり，
学校のホームページに掲載したりなどすることで，生徒，保護者及び地
域住民に広く伝えている状態のことを指す。」としている。「国際共通語
としての英語力向上のための5つの提言と具体的施策」の「提言1. 生
徒に求められる英語力について，その達成状況を把握・検証する」には，
「中学・高等学校は，学習到達目標を『CAN-DOリスト』の形で設定・
公表するとともに，達成状況を把握する。」とされている。CAN-DOリ
ストの公表自体は，設定が終わっていれば，印刷して配るか，ホームペー
ジに載せるだけのことなので，この達成率が5.0％というのは，驚きで
ある。

　問題は，なぜできないかである。教育委員会から言われて慌てて作っ
て提出はしたものの，何らかの理由で（？）公表するに値しないものと
判断しているのだろうか。教育委員会が雛形を示して，それをもとに
作ったので，どの学校のCAN-DOリストもほとんど同じということも
ある。また，教科書会社が用意したCAN-DOリストをほぼそのまま提

131

出しているというケースもある。さらに，どこかで見つけたものをコピペして出しているケースもあると聞く。

「達成状況の把握」については，「テスト等の実施により，学習到達目標の達成状況を客観的に把握している状態を指す。」としている。しかし，こちらについては，設定したCAN-DOリストによる学習到達目標のすべてで行っているのか，一部の技能で行っているだけなのかなどは，明らかになっていない。また，行っているとされる「達成状況の把握」は，いつどのような方法で行われているのかも気になる。

2. CAN-DO リストを指導に活かす

CAN-DO リストは，設定・公表・達成状況の把握が求められてはいるが，せっかく設定したのだから，まずは指導に活かしたい。それにはどうしたらいいのだろうか。

CAN-DO リストは，特別なときにだけ意識するのではなく，常に意識しておくことが重要だ。具体的には，日常的にCAN-DO リストを見ながら，授業準備をするのだ。その学年のCAN-DO リストは，クリアシートなどに入れておいてもいいだろう。授業で扱っていないものがないか，クリアシートのCAN-DO リストを時々眺めて，確認する。また，特に意識したいCAN-DO ディスクリプタは大きめな付箋などに書いて自分の机の本箱にでも貼っておくといい。

その上で，CAN-DO ディスクリプタのそれぞれにつながるタスクを普段の授業で，反復的，継続的に扱うようにすることである。どのようなタスクも1度で身についてしまうということはない。何度も何度も繰り返してやることが重要だ。

授業に活かす上で，問題となるのは，授業に「言語活動」がないということだ。もっとも，平成20（2008）年告示（平成24（2012）年施行）の『中学校学習指導要領』では，「言語活動」を下支えするような学習活動も，広い意味の言語活動に含まれてしまっている。しかし，ここで重要なのは，「言葉を使って行う行動」という意味での「言語活動」である。つまり，「言葉を使って意味のやりとりをする活動」である。な

第3部 テストとつなぐCAN-DOリスト

ので，単に音読をしたり，単語を何度も書いたりという活動自体は，基本的にはここで言う「言語活動」ではない。この意味での「言語活動」が，教科書にあっても往々にして飛ばされている。平成28年度版 *NEW CROWN English Series* で言えば，USE Speak や USE Write といった活動である。「言語活動」が授業になければ，CAN-DO につながらないのは，当然である。

3. CAN-DO リストを評価に活かす

「CAN-DO リストを評価に活かす」といった場合，まずは CAN-DO リストに基づいた評価の実施（ペーパー・テスト，パフォーマンス・テスト等）を行うことが重要である。CAN-DO リストに4技能の学習到達目標が書かれているのに，「話すこと」の評価そのものがないとか，CAN-DO に対応したテストがなされていないとか，ということであれば，それは CAN-DO リストを評価に活かしているとは言えないだろう。

CAN-DO リストを評価に活かす場合，「聞くこと」「読むこと」といった受容技能と「話すこと」「書くこと」といった発表技能は，分けて考える必要がある。受容技能の場合は，理解するテキストがどのようなレベルなのか，また，テキスト・タイプは何なのかなどについての規定が必要である。その上で，CAN-DO ディスクリプタに基づくタスクを作成することになる。それに対して，発表技能の方は，CAN-DO ディスクリプタに基づくタスクを作成した上で，評価基準を作成する必要がある。

CAN-DO ディスクリプタを「自立的に（他者の助けを借りずに），言語学習者・使用者（language learner/ user）として言葉を用いて何ができるか（行動）を記述したもの」と定義するならば，テストは未習のものでなければならない。もし，これが既習のものであれば，本当に力があってできているのか，覚えているからできているのか，わからなくなってしまう。

また，CAN-DO リストが言語活動に基づいているか，という点も重要である。発表技能のテストは，CAN-DO ディスクリプタに書かれた

133

行動をそのままテスト・タスクにすればよいので，比較的作成が容易かもしれない。

　それに対して，受容技能のテストは，CAN-DO ディスクリプタに書かれた行動は，「理解できる」というようなものだったりするので，テスト・タスクの作成が難しいかもしれない。そのために，リーディングの CAN-DO ディスクリプタが「～を読んで，概要が理解できる」とか「～を読んで，要点が理解できる」となっていても，詳細を問うような問題の作りになっているということもよくある。こうした場合の単純な解決策は，多肢選択式のテストであれば，その問いを「概要はどれか」や「要点はどれか」のような質問にすることである。その上で，さらにはこうした読みが前提となって遂行可能となるような現実生活のタスクを作成することができればなおよい。

第3部　テストとつなぐCAN-DOリスト

| | 第17章 | CAN-DO リストの改善 |

1. CAN-DO リストは TO-DO リストではない

　各学校で作成された CAN-DO リストを見ると，その中には，「これは本来想定していた CAN-DO リストなのだろうか」と，首をかしげたくなるものも少なくない。

　その代表的なものは，観点別学習状況の評価における単元の評価規準を CAN-DO リストの形で示し，これらを各学年や卒業時における学習到達目標としているというものである。この CAN-DO リストでは，各単元に技能ごとの CAN-DO ディスクリプタが挙げられているので，年間では山のようなディスクリプタが提示されることになる。

　しかしながら，この件に関しては，『各中・高等学校の外国語教育における「CAN-DO リスト」の形での学習到達目標設定のための手引き』（文部科学省初等中等教育局，2013）（以下，『手引き』）に，次のような記述がある。

> 観点別学習状況の評価における単元の評価規準がそのまま「CAN-DO リスト」の形で設定する学習到達目標となることは考えにくく，年間を通じて，複数の単元における学習を通して，ある学習到達目標を達成することになります。(p.37)

　つまり，『手引き』は，特定の単元に基づいて，CAN-DO ディスクリプタを作るのではないと言っているのだ。したがって，観点別学習状況の評価における単元の評価規準を CAN-DO にしただけのリストは，「TO-DO リスト」ともいうべきもので，文部科学省が求める CAN-DO リストではないということがわかる。

　平成24（2012）年度版 *NEW CROWN English Series* で考えてみよう。観点別学習状況の評価であれば，2年の LESSON 5 "My Dream" の「外国語表現の能力」としては，「自分の夢について，スピーチすることができる。」（①：TO-DO 型 CAN-DO）とでもなるだろう。しかし，自分の夢についてスピーチするのであれば，どういうきっかけでその夢を

135

持つようになったのかを説明したり，将来どうしたいかを語ったりするということも含められる。「きっかけを説明する」ことは，LESSON 1 USE Write の「春休みの思い出」や，LESSON 2 Mini-project の「自分史エッセイ」での活動を通して，「将来について語る」ことは，LESSON 3 GET Part 3 Practice の活動を通して，身につけられると考える。そう考えれば，『手引き』の言う「複数の単元における学習を通して」達成される学習到達目標は，「自分の夢について，その夢を持つに至ったきっかけや，将来どうしたいかなどに触れながらスピーチすることができる。」（②）といったものになるだろう。

2. CAN-DO リストは WISH リストではない

しかしながら，単にいくつかの「単元の評価規準」を集めて書けば，学習到達目標になるというわけでもない。次の CAN-DO ディスクリプタを見てほしい。これは，どの段階の学習到達目標と考えるだろうか。

I can connect phrases in a simple way in order to describe experiences and events, my dreams, hopes and ambitions. I can briefly give reasons and explanations for opinions and plans.

実は，これは CEFR, Spoken Production の B1 のディスクリプタである（Council of Europe, 2001: 26）。CEFR は，ご存じの通り，下から A1, A2, B1, B2, C1, C2 となっている。

このディスクリプタの「自分の夢を語る」という部分は，①の TO-DO 型の CAN-DO と重なっており，中学の「話すこと」のディスクリプタとしても，この類のものが挙がっていることはよくある。しかし，平成 26（2014）年度，平成 27（2015）年度と行われた「英語教育改善のための英語力調査」では，高校 3 年生の「話すこと」についての到達度は，ほとんどが A1 以下であるということが明らかになった。だとすると，中学の到達目標としては，前掲のような B1 ディスクリプタは，現時点では相当な高望みであるということになる。

以前に行われた『特定の課題に関する調査（英語：「話すこと」）（中学校）』の結果を思い出してほしい。好きな季節を 1 つ選んで，それを

選んだ理由やその季節にどのようなことをしたいかなどについてクラスの友達に話す（準備時間 30 秒，解答時間 1 分）という問題があった。この問題は，正答 5.6 ％，準正答 26.6 ％で，これらを合わせた通過率は32.2 ％だ。準正答は，好きな季節・その理由・その季節にやりたいことというすべての要素が入っているが，「各事項について単一の文を話しているだけ」となっているものである。各事項を膨らませて話していれば，正答となる。準正答の解答例としては，"I like summer because I like summer vacation. I want to swim in the sea." が挙げられている。

　1 分間にこの程度以上話せる日本の中学 3 年生は，3 割程度ということだ。こうした現状を考えれば，上の②の到達目標は，日本の中学生にとって当面は相当に高いハードルと言える。これは，むしろ「WISH リスト」に入るようなものと言った方がいいだろう。

3. CAN-DO リストはどう作るか

　では，どうしてこのようなことが起こるのであろうか。教師は生徒に教えたことはできるようになってほしいと思い，そのために指導を行う。したがって，学習到達目標は「指導したことができるようになること」となる。「自分の夢について，その夢を持つに至ったきっかけや将来どうしたいかなどに触れながら，スピーチすること」も授業でやっているのだから，できるようになっているはずのディスクリプタとなる。

　教えていないことはできるようにならないが，実際には，教えたことでもなかなかできるようにはならない。また，教室でできるようになったからといっても，それには入念な準備をしたり，先生や友達の助けがあったりしてできているのだ。学習は複雑である。できるようになるにはかなり時間がかかるものがたくさんある。教えたときはできるけれども，すぐにできなくなってしまうもの，使おうと思えば使えるけれども，面倒なのでなかなか使わないもの，それ単独に集中できるときには使えるけれども，他のことと一緒になると使えなくなってしまうもの，等々 …。

　こうしたことを諸々踏まえた上で，卒業時に本当に生徒が自力で何が

どのくらいできるようになっているのか，考えてほしい。例えば，先ほどの CAN-DO ディスクリプタ②のレベルでは WISH リストに入ってしまうようなものでも，パフォーマンスの条件を緩めたり，言語の質のレベルを下げたりして，ディスクリプタの難易度を下げることができる。つまり，「あらかじめ準備をした上で，メモを見ながらであれば，自分の夢について，その夢を持つに至ったきっかけや将来どうしたいかなどに触れながら，短いスピーチをすることができる。」（③）とすれば，多くの中学生でも達成可能な目標となるだろう。

CAN-DO リストを使って学習到達目標を設定する場合は，③のようなディスクリプタを作った上で，そこに到達するためには，指導と学習において，どのような言語活動と学習活動をどのくらい繰り返し，定着させる必要があるかを考えなければならない。さもなければ，英語学力調査の結果は，いつまでも「驚くような結果」のままである。

第3部　テストとつなぐCAN-DOリスト

第**18**章　「観点別評価」のこれまでとこれから

　中学校（外国語）では，平成14（2002）年に導入された「観点別評価」
は，平成23（2011）年に改定された。また，現行の「観点別評価」も，
学習指導要領の改定とともに改定されることであろう。そこで，本章で
は，「観点別評価」の変遷をたどりながら，今後の方向性を探ってみる。

1.「観点別評価」の導入

1.1.　「観点別評価」の導入

　中学校（外国語）では，平成14（2002）年に「観点別評価」が導入された。
この時に，国立教育政策研究所より，『評価規準の作成，評価方法の工
夫改善のための参考資料（中学校）—評価規準，評価方法等の研究開発
（報告）—』http://www.nier.go.jp/kaihatsu/houkoku/index_jh.htm（以下，
〈参考資料2002〉と呼ぶ）が配布されたが，そこでは「観点別学習状況」
の評価の観点は，以下のように規定されている。

○「観点別学習状況」については，その評価の観点について，現行
　学習指導要領に示す各教科の目標や内容を踏まえ，自ら学ぶ意欲や
　思考力，判断力，表現力などの資質や能力の育成に重点を置くこと
　が明確になるよう，基本的に「関心・意欲・態度」「思考・判断」「技
　能・表現」「知識・理解」の四つの観点によって構成することとした。

（国立教育政策研究所, 2002: 1）

　そして，これらの観点は，「外国語」では，それぞれ次のように規定
された。

関心・意欲・態度	⇒	コミュニケーションへの関心・意欲・態度
思考力・判断力・表現力	⇒	表現の能力
技能	⇒	理解の能力
知識・理解	⇒	言語や文化についての知識・理解

　なお，この時に，「評価観点」とは別に，「内容のまとまり」というも

のが設定された。これは、日本語としては何とも落ち着きが悪いが、全教科共通に用いられている。中学校の「数学」は「Ａ数と式」「Ｂ図形」「Ｃ数量関係」となっていることからわかるように、多くの教科は「領域」を表しているが、これが「外国語」ではなじまないために、すべての教科で統一して使えるように「内容のまとまり」という表記になった。外国語は、「英語：「聞くこと」「話すこと」「読むこと」「書くこと」」となっている。英語教育で言う、いわゆる４技能に当たる。

　外国語は、４つの「評価観点」と４つの「内容のまとまり」のマトリックスにより、評価を行っていくわけだが、「理解の能力」と「話すこと」「書くこと」および「表現の能力」と「聞くこと」「読むこと」は当然のことながら相性がよくない。このため、これらの評価規準は空欄となるのだが、「読むこと」に関しては、日本において音読活動が広く行われているために、これを「読むこと」の「表現の能力」として、設定した。

　この「観点別評価」の導入は、「相対評価」から「絶対評価」への大変換として迎えられた。英語では、前者は norm-referenced assessment (NRA)、後者は criterion-referenced assessment (CRA) である。能力のとらえ方が、NRA は集団の中での相対的な位置によっているが、CRA は何らかの外的基準によっている。この外的基準は、到達基準や到達目標と言われたりもする。NRA では、集団全体ができていてもできていなくても、評価結果はそれぞれの集団の中で相対的に解釈される。しかし、CRA では基準への到達か否かを見るので、全員が合格ということもあれば、不合格ということもあり得るシステムである。

　ただし、CRA の基本理念は教師になじみがなかったために、この「観点別評価」は最初から正しく機能したわけではなかった。特に「観点別評価」は時に「絶対評価」と呼ばれ、そのために誤解も少なくなかった。つまり、それはテスト得点を「絶対的に」解釈するというものであった。英語では、これは absolute score interpretation と言われるものだ。例えば、テスト得点が100点満点で90点であれば、20点刻みの5段階評価で「5」、70点であれば「4」という具合である。これは確かに集団に準拠していないが、基準への到達の有無は全くわからない。これは、

CRA とは明確に異なるものである。

1.2. 〈参考資料 2002〉の功罪

　国立教育政策研究所より，〈参考資料 2002〉が発表されたのは，観点別・絶対評価が導入される直前の平成 14（2002）年 2 月のことであった。絶対評価の導入に戸惑っていた教師には，貴重な資料となったに違いない。

　〈参考資料 2002〉で示されたものは，評価規準（この「規準」は「基準」と区別するために，「のりじゅん」と読まれることもある）と言われるもので，そこには評価の視点が示されている。例えば，「話すこと」の「表現の能力」についての評価規準は，「初歩的な英語を用いて，自分の考えや気持ちなどを正しく話すことができる」と「初歩的な英語を用いて，場面や相手に応じて適切に話すことができる」となっている（下線筆者）。しかしながら，どの段階ではどの程度の「正確さ」や「適切さ」を求めるのかという基準（この「基準」は「規準」と区別するために，「もとじゅん」と読まれることもある）は示されておらず，これらは各学校や教師にゆだねられている。

　この〈参考資料 2002〉は，後半は評価事例が示されている。英語では，ある授業の 1 レッスン分を取り上げ，その評価方法を具体的に示している。ところが，この評価事例が大きな混乱をもたらすことになる。毎時間の評価方法等の欄には，それぞれの活動ごとに「活動の観察」「生徒の応答」「録画チェック」と書かれている（「生徒の応答」も「（活動の）観察」により評価するものと思われるが）。これらは，1 時間に 2 〜 4 回行われるようになっている。また，後日，「インタビュー・テスト」3 回および「録画チェック」2 回が行われることになっている。

　こうした変化は，実際にはテスト一本槍だった評価システムからすると根本的なパラダイム・シフトと言えるだろう。それ以前であれば，「観察」にあたるものは，せいぜいが「平常点」と言われていたもので，これはともすれば主観的な評価として懐疑的に扱われていた。しかし，「観点別・絶対評価」は，これにお墨付きを与えたのである。

　いずれにしても，これだけのパラダイム・シフトをこなせたのは，も

ともと中学では「話すこと・聞くことを中心とした」指導が行われており，そのような授業では従来のペーパー・テストよりも，授業中の観察の方がふさわしいという状況があったためであろう。その上，英語の教師は，生徒の授業中の活動をもともとよく見ていたということもあった。確かに，言語能力の評価は，紙の上だけでは見ることができず，教室とはいえ実際にその言語を使っているのを見ることは，妥当性の高い評価と言えるだろう。

〈参考資料2002〉が示されたことにより，従来のペーパー・テストによる評価がふさわしくないような生徒の特性を「観察する」という発想が広まったことはメリットとして考えてよいかもしれない。しかしながら，そのために，多くの教師は「絶対評価」＝「観察」というイメージを持ってしまったのも事実である。当時の公開授業などの指導案を見ると，あらゆる活動の評価に「観察」と書いてあることがあった（そして，この慣習は，今でもしばしば見られる）。しかしながら，授業を見ていても，「観察」を行っている様子は特に見えない。だとすれば，このような形式ばかりの評価計画を書いておいても，意味はないであろう。指導計画の中では，本当に観察する予定のことを書くべきであり，そのほかの指導目標に関わる点については，いつの機会にどのように評価するのかを示すべきである。

では，なぜ〈参考資料2002〉がこのような誤解を招いてしまったのか。それは，〈参考資料2002〉の評価実践が，「評価実践例」と「評価事例集」の2つの役割を担ってしまったからではないだろうか。「評価事例集」としては，たくさんの評価事例を載せることに意味があった。しかし，これを実際の授業計画に盛り込む形で，「評価実践例」が示されたために，評価の「過積載」となってしまった。しかも，ペーパー・テストなどの役割についての言及がほとんどなされなかったことも混乱を招いた原因かもしれない。評価実践例としては，1レッスンの評価計画の現実的な形をペーパー・テストの役割も含めて示し，参考となる評価事例については，評価計画とは別枠で，数多く例示すべきであったと思う。

〈参考資料2002〉を見ると，2年生のある1課を5時間で指導するこ

第3部 テストとつなぐCAN-DOリスト

とになっており，以下のような評価方法が示されている。

時間	本課の評価規準との関連	評価方法等
1	アの①	活動の観察（単語を提示するなど話す材料を与える）
	エの①	活動の観察（説明を繰り返したり補足説明を加える）
2	イの①	生徒の応答（質問を変えて答えやすくする）
	イの②	活動の観察（機内でよく用いられる表現を個別指導する）
3	アの②	活動の観察（つなぎ言葉やその使い方を説明する）
	イの①	活動の観察（パターン練習などを個別指導する）
	イの②	活動の観察 録画チェック（入国審査でよく用いられる表現を個別指導する）
4	アの①	活動の観察（話しやすい雰囲気を作る）
	アの②	生徒の応答（説明を繰り返したり補足説明をする）
	イの①	活動の観察（パターン練習などを個別指導する）
5	イの②	活動の観察（観光地でよく用いられる表現を個別指導する）
	アの②	録画チェック
後日	エの②	インタビュー・テスト
	アの①／イの①②／エの①	インタビュー・テスト，録画チェック
	アの①／イの①②／エの①	インタビュー・テスト，録画チェック

143

アの①…コミュニケーションへの関心・意欲・態度（言語活動への取組）
アの②…コミュニケーションへの関心・意欲・態度（コミュニケーションの継続）
イの①…表現の能力（正確な発話）
イの②…表現の能力（適切な発話）
エの①…言語や文化についての知識・理解（言語についての知識）
エの②…言語や文化についての知識・理解（文化についての知識）

　実は，「観点別・絶対評価」というシステムと「授業中の観察評価」という手法とは，本質的に結びつくものではない。「テスト」による「絶対評価」も可能だし，「観察結果」を「相対的に」扱うことも可能である。にもかかわらず，先述のような評価事例が示されたために，現場の教師の多くは「観点別・絶対評価」＝「観察」という印象を持ってしまったようだ。しかも，〈参考資料2002〉には，「観点別・絶対評価」を採用した場合に必要となる（ペーパー）テストの設計変更やその評価システムにおける役割変更についてはほとんど言及がなかった。

1.3.　〈参考資料2002〉がもたらしたもの

1.3.1　構造上の問題点：プロセスとプロダクト

　それでは，このような評価事例を示された現場での評価の実体はどうなっているであろうか。例えば，warm-up の活動も観察評価，導入の活動も観察評価，ドリルも観察評価，もちろん言語活動も観察評価，そして，最後のまとめの活動も観察評価，という具合である。とにかく教案の評価の欄に「活動の観察」がずらりと並ぶ。

　しかし，このような授業の構成の意味を考えてみよう。warm-up は授業への準備である。そして，導入もドリルも実際の言語活動をできるようにするための準備活動である。このような授業構成で目標に達したかどうかの「記録」の対象となるのは，言語活動の部分ではないだろうか。少なくとも，「表現の能力」と「理解の能力」は，それに関連した言語活動の部分を評価対象とすべきである。また，最終的な行動目標の

第3部　テストとつなぐCAN-DOリスト

達成は，学期の終了後，あるいは，学年末ということもあり得る。最終的に目指している行動目標（プロダクト）こそが評価対象となるべきであって，それまでの活動（プロセス）は目標達成のための手段である。

1.3.2.　行動上の問題点：評価とは成績をつけることか

　教室活動の観察では，教師は授業中の活動を見てABCの判断をして，メモをしていることが多い。また，評価の実践報告などでは，ビデオにとっておいて後でABCの判断をして，記録している場合もある。これらは一見すると「充実した評価実践」のように見えるが，問題は，ここでの教師の評価行動が成績をつけた時点で終わっている点である。いわゆるABCの判断と記録に気を取られ，その評価結果に基づく次の行動を教師が起こしていないとすれば問題である。これでは，医者が患者の病状をカルテに記入しただけで，診察を終えるようなものである。

　評価の本質は，学習目標に対する生徒の達成状況を知り，そこに問題があった場合は，問題の改善のための方策を施すということであろう。例えば，生徒の音読を聞いたり，発話を聞いたりして，ここがいいとか，ここが問題だとか判断する。また，文型練習を行い，うまくできたとか，うまくできていないとかを判断する。しかし，それと同時に，この評価活動の結果をもとに，教師は即座に誤りの修正（error correction）を行うか，または，発達段階的に見てこのerrorはもう少しこのままにしておくというような判断を行うべきである。このような「治療」を行ってこそ（または，「今後の治療計画」を立ててこそ），「診断」を行う意義があるのである。

　評価とは，「（成績を）つけて終わる評価」だけではない。「次につながる評価」を忘れないことである。これは，とりわけ「プロセス」の段階の評価においては重要な視点であると考える。

1.4.　評価手法としての「観察」の評価

　私の知るところでは，英語教育の歴史の中で，これほど評価手法としての「観察」が強調されたことはなかったのではないか。これまでは，「評

145

価」すなわち「テスト」であったかもしれない。しかしながら,〈参考資料 2002〉が示されて以来,振り子は大きく「観察」に振れたのである。

　ところが,この評価手法としての「観察」は,テストと比べ,その手法はまったく確立しておらず,そのためのトレーニングも行われていない。例えば,生徒を観察する場合,どのような活動が観察可能で,どのような活動が観察不可能なのかがわかっていない。また,教師は生徒のことを一度にどのくらい観察できるのかもわかっていない。さらに,いわゆる信頼性の問題もある。作文の採点やスピーキングの採点のときに,あれほど問題となる信頼性であるが,観察においてはこれがなぜかほとんど問題とされていない。何十人もの生徒を観察した場合に,評価結果のぶれがないとは思えない。おそらく,今必要なのは,この観察という手法の特徴を,メリット・デメリットも含めて,冷静に研究・評価することではないだろうか。

1.5. 音読（発音）の評価

　このような状況を踏まえた上で,音読（発音）の評価について考えてみたい。音読の評価というのは,〈参考資料 2002〉でいうところの,「読むこと」の「表現の能力」にあたり,この中には「正確さ」と「適切さ」の規準が入っている。このうちの「正確さ」の評価を行うにあたり,「ペーパー・テスト」とそれ以外の方法を比較することで,それぞれの評価方法の特徴を見てみる。

1.5.1. ペーパー・テストによる評価

　「ペーパー・テスト」による発音の評価は,その高い実用性ゆえか,いまだに多くの定期試験で用いられている。しかし,このテストは生徒に実際に発音させているわけではないために,現実の発音能力を反映していない可能性がある。小中学生などの初学者の場合は,ペーパー・テストの結果と実際の発音との関連性は薄く,とりわけ,音素識別問題において,その関連性が薄いと考えられる。では,このテストの波及効果はどうであろうか。このテストがあるために,生徒が実際に発音練習を

第3部　テストとつなぐCAN-DOリスト

するようであればいいのだが，紙の上でのテストに対しては必ずしも実際の発音練習による対応を期待できないように思われる。

1.5.2.　観察による評価

　次に，教室活動としての音読（発音）を，観察により評価する手法について考えてみよう。この手法は，実際に生徒の発音を聞いている点において，高い妥当性が期待できる。ただ，この場合は，教師がそれぞれの発音に対して，その場で主観的な判断を行わなければならず，この点では，信頼性の問題が出てくる可能性があろう。また，一度に全員の音読を観察できないことから，観察する対象が，毎回異なってしまうという点でも，信頼性に疑問符が打たれるだろう。さらに，実用性はどうであろうか。これはペーパー・テストに比べれば，授業中の観察・記録が必要となり，はるかに手間がかかる方法であることは確かであろう。

1.5.3.　対面による評価

　音読の評価では，1人1人対面で音読させ，それを評価することもできる。この方法では，生徒の実際の発音を聞くことができるので，妥当性は高いと考えられる。採点には主観的判断が伴うために，信頼性が問題となることもある。しかしながら，教室活動の観察とは異なり，同一のものが読まれるため，この意味では公平さが保たれていると言えるだろう。

　ただし，この方法の問題は，生徒1人1人の音読を評価するために，時間と手間がかなりかかる点だ。何か書かれたものを音読させるとして，1人1分でも，40人クラスでは，40分かかってしまう。また，面接の場所を用意したり，面接が終わった後の生徒と面接前の生徒が一緒にならないようにしたりするなどの配慮をするとなると，担当の教師1人では実施できないかもしれない。ただし，採点はその場で行ってしまうのであれば，後日採点する必要はない。

1.5.4.　音声ファイルの提出による評価

　これは，家でICレコーダーやスマホのボイスメモなどの機能を使っ

147

て録音したファイルをファイル共有ソフトやメールやUSBなどで提出させる手法である。これも，実際に発音を聞いているので，妥当性・信頼性・公平性は，対面による評価と同様の傾向があるだろう。また，この手法は，採点は，対面による評価と同程度の手間はかかるが，実施上の（教師の）手間はあまりかからない。そして，おそらく，この手法の最も魅力的な点は，望ましい波及効果があるということであろう。というのは，個人で録音するために，生徒は自分で納得するものが録音できたと判断するまで練習する傾向にあるからである。

こうして見てきたように，「音読（発音）の能力」ひとつを評価するといっても，いくつかの手法が考えられ，それぞれメリット・デメリットがある。したがって，評価計画の作成に当たっては，それぞれの特徴をよく理解して，その中で取捨選択していくべきである。

1.6. 観点ごとの総括をどうするか

1.6.1. 増えた評価資料

観点別・絶対評価というシステムが導入されてから，英語の教師は従来のペーパー・テストだけでなく，様々な評価方法を採用するようになった。その代表的な例が，授業中の観察やインタビュー，宿題だ。この結果，評価対象の特性に応じて多様な評価方法の中からできるだけ適切な方法を選択するようになってきているかもしれない。

1.6.2. 観点ごとの総括

1.6.2-1. テスト得点によらない方法

では，このように集められた観点別学習状況の評価結果は，どのように総括されるのであろうか。これまでは，多くの場合，定期試験の点数を合計し，それを相対的に解釈すればよかったが，観点別・絶対評価においては，集められた複数の評価結果をもとに観点ごとのABCを決定しなければならない。

まず，現状として，どのような方式がとられているかをみてみよう。

第3部 テストとつなぐCAN-DOリスト

平田（2003）によれば，評価基準を用いて，1回1回の評価活動において，「おおむね満足できる状況（B）」に達していれば○，達していなければ×と判断し，その数をベースに総括する方法がある（本書ではこれを「頻度法」と呼ぶ）。例えば，ひとつの評価規準を3回適用した場合を考えると，すべて○ならばA，○が2つまたは1つならばB，すべて×ならばCという具合である。

この方法に対して，ABCを数値化して総括する方法がある（これを「数値換算法」と呼ぶ）。国立教育政策研究所（2002）によれば，「…評価規準に照らして行った評価結果の状況を数値によって表せるようにし，この数値から総括を行う事例も見られた。例えば，Aを3，Bを2，Cを1とする場合で，評価規準に照らして行った評価結果が『A，A，B』という状況は平均点2.67（小数点第3位を四捨五入），『A，A，B，B』という状況は平均点2.5という数値で表されることとなる」というわけだ。ただし，〈参考資料2002〉では，これらをAと判断するのかBと判断するのかについては，書かれていない。

1.6.2-2. テスト得点による方法

ところが，「頻度法」や「数値換算法」が適用されているのは，主に「コミュニケーションへの関心・意欲・態度」の評価に対してである。これは「コミュニケーションへの関心・意欲・態度」の評価では，「評価基準を用いて，1回1回の評価活動を評価する」ことになるからであろう。

これ以外の評価の場合は，定期試験などのテストが用いられるために，別の方法が用いられることが多いようだ。それは，「テスト得点合算法」というような方法である。この方法では，基本的に，それぞれの観点の評価をテストにより行い，その得点を合計して，ある基準により，ABCを判定するというものである。例えば，「理解の能力」でいえば，「聞くこと」および「読むこと」に関するテストの得点を合計して，それが80％以上であればA，50％以上80％未満であればB，50％未満であればCという具合である。ただし，この線引きは，各学校により異なっている。

1.6.2-3. 観点ごとの総括方法の「評価」

　一見すると，今日の日本の学校教育に導入された絶対評価は，設定された目標に到達しているかどうかを見る「到達度評価（criterion-referenced assessment, CRA）」のようである。この「到達度評価」型の絶対評価では，基準（もとじゅん）と呼ばれる最低基準を設定し，これに達する学習者を「到達者（master）」，それ未満の学習者を「非到達者（non-master）」と区別することになる（Hughes, 2003）。したがって，ここには本来2つのカテゴリーしか存在しない。ところが，〈参考資料2002〉をよく見てみると，奇妙な点に気がつくのである。それは，この絶対評価では，到達者と非到達者という二分法ではなく，ABC という「三分法」がとられているという点である（A は「十分満足できる」状況，B は「おおむね満足できる」状況，C は「努力を要する」状況）。このABC を通常の到達度評価に当てはめると，A と B が到達者，C が非到達者ということになる。

　これを走り高跳びにたとえるならば，到達者と非到達者という二分法では，評価基準はオリンピック参加標準記録のようなものである。これを越えていれば，どれだけ越えていようが，ぎりぎりであろうが，参加資格があるということになる。そして，これを越えていなければ，どれだけぎりぎりでバーを落としても，まったく跳べずにバーを落としても，ともに参加資格はないということになる。ところが，今中学で行われている絶対評価では，単に跳べているだけでなく，どれだけ余裕を持って跳べているかも示さなければならない。

　こうした視点から，観点ごとの総括方法を「評価」してみる。まず，「頻度法」であるが，これを走り高跳びとしてみると，基準となるバーを確実に何度も越えていると A になるというものである。しかしながら，何度もバーを越えられるものが，そのバーのはるかに上を越えている保証はないのである。少なくとも，これは一般の人が抱く A のイメージとは異なるのではないか。

　次に，「数値換算法」である。これは，個人の記録を平均しているために，ここから得られる数値は，能力の違いを比較的よく反映している

第3部 テストとつなぐCAN-DOリスト

ように思われる。ただし，実際に得られる数値は1〜3の間の連続データであるために，例えば2.5という平均値がAかBかは，主観的かつ恣意的な判断となる。

では，もうひとつの「テスト得点合算法」はどうであろうか。これは基本的な考えは「数値換算法」と同様であるが，もとになっているデータがABCでなく，定期試験などのテスト・データである点が異なっている。この方法の問題点としては，「数値換算法」と同様のABCの線引きの問題のほかに，ABCの判断がテストの難易度に影響を受けているという点がある。これは，他の2つの総括方法と大きく異なる問題である。他の2つの総括方法では，まず始めに能力の判断を○×やABCで行っている。しかし，「テスト得点合算法」では，各問題の難易度がABCの定義に必ずしも対応しているわけではない。そのために，ABCの得点の線引きが事前に決まっていれば，ABCにより規定される能力はテストの難易度によって変わってしまう。例えば，BとCの線引きが50％にあるときに，テスト方法としてTF法を使うことがある。ところが，TF法では，鉛筆を転がしても50％の正答確率があるわけで，これでは，Bは何の能力も保証していないことになる。

線引きの基準が学校全体として決められているというような場合は，引かれた線の上下に質的な差があるようにテストが設計されていなければならない。ところが，テストの難易度をあらかじめ予測して作成することは容易ではないのだ。これに対して，テストを実施した後に，ABCの線引きを行う方法もある。つまり，「このテスト」では，AとBの線引きは90％，BとCの線引きは60％というように判断することである。また，このアプローチでは，教師の指導経験に基づき「ぎりぎり到達者」を何人かと「ぎりぎり非到達者」を何人かあらかじめ決めておき，彼らの出来をもとに線引きの数値をはじき出すという方法もある。

実際には，「日常点」による「数値換算法」と「テスト得点合算法」が合わさった「ハイブリッド型」も存在していて，実態はさらに複雑かも知れない。そもそも，どの方式を採用するかは，何を評価するかにもよるであろう。いずれにしても，それぞれの特性をよく理解して，総括

151

法を選択し，運用する必要がある。

2. 第2世代の「観点別評価」

2.1. 第2世代の評価規準の導入

平成20（2008）年告示の『中学校学習指導要領』は，平成24（2012）年から全面実施された。この新しい学習指導要領の下での学習評価については，平成22（2010）年3月の中央教育審議会初等中等教育分科会教育課程部会報告では，「目標に準拠した評価を着実に実施すること」とされている。この「目標に準拠した評価」は，〈参考資料2002〉をもとに行われてきたものであるが，これが基本的に継続されることが明らかになった。

この評価の実施方法は，平成22（2010）年11月に『評価規準の作成のための参考資料』http://www.nier.go.jp/kaihatsu/hyoukakijun/chuu/all.pdf，平成23（2011）年7月に『評価規準の作成，評価方法等の工夫改善のための参考資料（中学校 外国語）』http://www.nier.go.jp/kaihatsu/hyoukahouhou/chuu/0209_h_gaikokugo.pdf（以下，後者を〈参考資料2011〉とする）において示されている。前者には「学習評価の在り方」と「評価規準の設定等」が，後者には，これらに加えて，具体的な「（中学校 外国語の）評価方法」が示されている。本稿では，より包括的で具体的な後者の資料をもとに議論を進める。

なお，平成21（2009）年に告示された『高等学校学習指導要領』は，平成25（2013）年度から実施された。これに連動した，『評価規準の作成，評価方法等の工夫改善 のための参考資料（高等学校 外国語）』http://www.nier.go.jp/kaihatsu/hyouka/kou/11_kou_gaikokugo.pdf も，平成24（2012）年7月に発表されているが，以下では特に断らない限り，中学校での英語の評価を扱うこととする。

〈参考資料2011〉では，外国語の「観点別評価」は，「コミュニケーションへの関心・意欲・態度」「外国語表現の能力」「外国語理解の能力」「言語や文化についての知識・理解」となっている。そこでは，従来「表現の能力」と「理解の能力」とあったものが，それぞれ「外国語表現の能

力」と「外国語理解の能力」と名称が若干変わっただけで，基本的な枠組み自体に大きな変更はないと見てよい。「内容のまとまり」の中身も，その「やや不自然な」名称も変更はない。また，観点別学習状況はＡＢＣの３段階，評定は５４３２１の５段階で行うという点も維持されている。

　しかしながら，枠組み自体は大きな変更はないが，〈参考資料2011〉は評価実践における重要な変更点をいくつか含んでいると言える。ここでは，これらについて論じた上で，残された課題について考察する。

2.2　評価規準はどう変わったか

2.2.1　評価の重点化

　まず，大きな変更点としては，評価の重点化が強く打ち出された点である。この点に関しては，〈参考資料2011〉（pp. 11-12）には，「年間指導計画を検討する際，それぞれの単元（題材）において，観点別学習状況の評価に係る最適の時期や方法を観点ごとに整理することが重要である。これにより，評価すべき点を見落としていないかを確認するだけでなく，必要以上に評価機会を設けることで評価資料の収集・分析に多大な時間を要するような事態を防ぐことができ，各学校において効果的・効率的な学習評価を行うことにつながると考えられる。」とある。つまり，評価の時期と方法を絞ることによる最適化を求めている。またさらに，〈参考資料2011〉（p. 14）には，「１単位時間の中で４つの観点全てについて評価規準を設定し，その全てを評価し学習指導の改善に生かしていくことは現実的には困難であると考えられる。教師が無理なく生徒の学習状況を的確に評価できるように評価規準を設定し，評価方法を選択することが必要である。」というように強調されている。つまり，１時間の授業の中で，４観点すべてを評価しなくてもよいということである。

　これまでの公開授業などで配布される指導案を見ていると，評価に関して，授業のあらゆる場面で評価規準が書かれていたりした。これをまともに実践しようとすれば，授業は評価漬けになってしまうわけである。しかし，その一方で，実際は指導案には書かれてはいても，その評

価は授業中ほとんど行われず，まったく別の形で実質的な評価が行われ
ていたりした。ほとんどの場合，定期試験の結果を基に評価がなされて
いたにもかかわらず，指導案には定期試験への言及が全くないという状
況であった。こうした反省に立ち，評価規準に基づく評価を実効性を
伴ったものとするために，重点化を推奨しようとしていると考えられ
る。

　英語の評価の重点化を具体的に示したものとしては，〈参考資料
2011〉には，1時間の授業で評価対象となるものが全くないという事例
が載っている。具体的には，それらの授業のねらいは，「語句の意味を
確認し音読する。」「比較表現を用いて口頭で発表する練習をする。」「本
単元で身に付ける文の構造を理解する。」などとなっており，これらは
それ自体が学習最終到達目標なのではなく，それらは目標を達成するた
めの「練習」や「導入」であると位置づけられている。こうした活動では，
評価を行う必要がないということである。

2.2.2　ペーパー・テストの位置づけの明確化

　〈参考資料2002〉では，先述したように，実はペーパー・テストにつ
いてはまったく言及がなかった。この理由は，「ペーパー・テストは放っ
ておいてもやるから」かもしれないが，実際は「ペーパー・テスト」へ
の言及がなかったために，現場はかなり混乱し，様々な状況を生み出し
た。その1つは，「ペーパー・テスト」は本来は望ましくないというよ
うなメッセージとなって現場に伝わり，熱心な先生ほど授業中の評価に
精を出すことになったこと。もう1つは，いわゆる絶対評価における
「ペーパー・テスト」は相対評価における「ペーパー・テスト」とは作
り方が根本的に異なるにもかかわらず，その本質的な違いが伝わらずに
「ペーパー・テスト」の修正がなされなかったことである。

　ところが，〈参考資料2011〉では，「評価方法」の欄に「後日ペーパー・
テスト」と明確に書かれているところが何カ所もある。しかも，1時間
の評価規準が1つで，この評価方法が「後日ペーパー・テスト」となっ
ているところがほとんどであり，またテストの実例も載せてある。むし

第3部　テストとつなぐCAN-DOリスト

ろ「ペーパー・テスト」以外の代替的評価（alternative assessment）がまっ
たく姿を消してしまったかのような印象すら受けるほどである。ちなみ
に、「評価方法」がテストでなく「活動の観察」とあるのは、「コミュニケー
ションへの関心・意欲・態度」における「言語活動への取組」に関する
ものだけである。これは、大きな変化と言ってよいだろう。

2.2.3　教科書とは異なる文章によるテストの出題

　もう1つの着目点は、評価方法の実例が示された中で、「読むこと」
の評価では既習の文章ではなく、教師によって書き換えられた文章の使
用が示された点であろう。〈参考資料2011〉（p. 39-40）では、「時間軸に沿っ
て物語のあらすじを読み取ることができる。（適切な読み取り）」という
評価規準に対して、「教科書とは異なる物語を読むペーパー・テストに
おいて、時の流れを表す表現などを頼りにしながら全体のあらすじを読
み取ることができるかどうかをチェックし、判断する。」という評価方
法が示されている。しかも、「評価上の留意点」では、こうした物語を
要求度の低いものと高いものと2種類用意し、その出来から判断すると
ある。

　これまでは、定期試験の「読むこと」の問題では、多くの場合、既習
の文章が出題されてきたと思われるが、これを禁じるというのは、一種
の英断である。既習の文章を用いた「読むこと」のペーパー・テストでは、
評価規準に示された読みを生徒が実際にできるかどうかは分からないと
いうことである。授業で読んだ文章は、その内容は記憶されているため、
ペーパー・テストでその内容の理解を問うても意味がない。今後、教科
書とは異なる文章を、どうペーパー・テストに用意していくかは、現場
の大きな課題になるだろう。また、これが「読むこと」で示されている
ということは、同様のことが「聞くこと」でも当てはまるということで
ある。

2.2.4　文法・語彙問題の行方

　細かいところでは文法や語法などを見るいわゆる文法・語法問題の

155

結果は，「言語や文化についての知識・理解」のどの内容のまとまりとして扱えばいいのかという点に関して，「読むこと」と「書くこと」の中で扱うということが明確に示された。この点に関して，〈参考資料2002〉では，「文構造についての知識がある」は，「言語や文化についての知識・理解」において，すべての「内容のまとまり」に見られたが，〈参考資料2011〉では，「文構造や語法，文法などに関する知識を身につけている」という評価規準は「書くこと」に，「語句や文，文法などに関する知識を身につけている」という評価規準は「読むこと」に登場しており，これ以外には「文法」関連の評価項目は登場していない。この他の評価規準の設定例についても，それぞれの「内容のまとまり」にふさわしい典型的な例示がなされている。〈参考資料2002〉のように，すべての「内容のまとまり」で「文構造についての知識がある」を見るということは，それはそれで見識であったと思う。それは，どの技能であっても，文構造処理は関わってくると考えられるからだ。これに対して，〈参考資料2011〉は，現状の英語のペーパー・テストの在り方に寄り添った形である。

　ただ，現場の視点で言えば，「ペーパー・テスト」の「文法問題」の結果は，「読むこと」と「書くこと」のどちらに行くのかという単純な質問への答えはない。もちろん，「読むこと」の要素の強い問題の結果は「読むこと」へ，「書くこと」の要素の強い問題の結果は「書くこと」へという原則はあると思うが，例えば最も一般的な多肢選択式の空所補充問題の結果がどちらに行くのか，にわかには答えを出せないだろう。もっとも現行の枠組みでは，いずれにしてもこれらの問題の結果は「言語や文化についての知識・理解」の枠に行くので，あまり悩まずにはすむのだが。

2.3 残された課題

　〈参考資料2011〉は，これまでの課題をいくつかの重要な点で解決しており，その点，大いに評価されるべきであろう。しかしながら，まだ残された課題もいくつかあるのも事実だ。以下，その課題について，考

第3部　テストとつなぐCAN-DOリスト

察する。

2.3.1　残された課題：総括の方法

〈参考資料2011〉でも，総括の方法はなかなか悩ましい問題である。「総説」の中の「観点別学習状況の観点ごとの総括」（p. 16）では，「評価結果のＡ，Ｂ，Ｃの数」と「評価結果のＡ，Ｂ，Ｃを数値に表す」の2つの方法を基本として説明されている。また，「観点別学習状況の観点の評定への総括」（p. 17）も同様に，「各観点の評価結果をＡ，Ｂ，Ｃの組み合わせ，又は，Ａ，Ｂ，Ｃを数値で表したものに基づいて総括」する方法が示されている。つまり，ここではＡ，Ｂ，Ｃをそのまま扱い，その数の有り様で総括するという方法とＡ，Ｂ，Ｃを数値に変換し，その数値を合計した結果を基に総括するという方法が提案されているのだ。

ここで示されている基本的な総括の方法は，これまでの方法とほぼ同様である。このうち以前より問題となっていたのは，「Ａ，Ｂ，Ｃの数」で総括する方法の方ではないだろうか。数値に変換する場合は，基準を決めておけば，判断は機械的で容易であるが，「Ａ，Ｂ，Ｃの数」で総括する場合は，その組み合わせが多数あり，総括は容易ではない。その点，〈参考資料2011〉においても，例に挙げられているのは，比較的自明な例であり，やっかいなケースについては，「「ＡＡＢＢ」の総括結果をＡとするかＢとするかなど，同数の場合や3つの記号が混在する場合の総括の仕方をあらかじめ決めておく必要がある。（p. 16）」のように，判断を現場に任せた形になっている。私見ではあるが，これらの総括の方法については，ある程度の統一的な見解を示した方が，現場の混乱がなくなるのではないだろうか。でなければ，こうして総括された評定は，学校ごとに異なった意味を持ってきてしまうのだ。また，現実には，定期試験の合計点から「逆算」して，観点ごとの成績を割り振るというような評価がまだ行われてはいないのかという，より根本的な点も気になる。

2.3.2　残された課題：技能統合の評価

平成20（2008）年に発行された『中学校学習指導要領　解説　外国

語編』における注目点の1つが，「技能統合」である。その外国語科改訂の趣旨には，「「聞くこと」，「話すこと」，「読むこと」及び「書くこと」の4技能の総合的な指導を通して，これらの4技能を統合的に活用できるコミュニケーション能力を育成する…。（下線筆者）」（p. 3）とある。これまでの英語教育では，4つの独立した技能が，指導や評価において前提となるユニットであったが，この学習指導要領では，4つの技能をまんべんなく「総合的に」指導するだけではなく，複数の技能を合わせたより有機的な「技能統合」による指導も求められている。「技能統合」の言語活動では，放送を聞いて必要な情報を書き取ったり，メールや手紙などを読んでその返事を書いたり，誰かから聞いた話を別の誰かに伝えたり，といったような活動が考えられる。このように，有機的な技能統合とは，ある文脈の中におけるコミュニケーション上の必然的で自然な統合を意味している。それゆえ，高いオーセンティシティを持つことになる。

　さて，こうした学習指導要領の変化は，観点別評価にどのような影響を与えるのであろうか。本来は技能統合が学習指導要領に謳われた時点で，それに伴った変更が観点別評価の枠組みにも必要だったのかもしれない。しかしながら，こちらに変更がない以上は，この枠組みでの処理を考えるしかない。〈参考資料 2011〉の枠組みでも，「内容のまとまり」は各技能に対応しているために，技能統合の場合は，この部分が複数箇所にまたがることになる。ただし，最終的には，観点別に学習状況が記録されるために，同一観点内だけで統合されていれば，判断に迷うことはないはずだ。

　上述の通り，観点別学習状況は4観点で記録されるが，技能統合テストの結果が関わるのは，この4観点のうち，「外国語表現の能力」と「外国語理解の能力」であろう。となると，「書くこと」と「話すこと」，「読むこと」と「聞くこと」が統合している限りは，それぞれ「表現の能力」と「理解の能力」として扱うことができるので，その判断は問題はない。しかし，「読んだものを書いてまとめる」とか，「聞いたものの概要を口頭で誰かに伝える」といった活動の評価となると，その技能は「理解」

第3部　テストとつなぐCAN-DOリスト

と「表現」にまたがっているために，どちらのカテゴリーで判断するの
かは単純ではない。この点に関して，〈参考資料 2011〉の事例3の「技
能統合型における評価」(pp. 41-44) では，「まとまりのある文章を読ん
で，自分の感想を書くことができる」を例示としていることから，どう
やら「理解の能力」と「発表の能力」とにまたがるものを主に想定して
いるように思われる。ここでは，この評価結果を「外国語表現の能力」
として扱っていることから，最終的に用いられる発表技能の評価，つま
り，「外国語表現の能力」での評価が提唱されていることがわかる。し
かしながら，統合における発表技能の役割が限定的な場合，3技能以上
が統合している場合（例えば，講義を聴いて，参考文献に書かれた内容
との違いをまとめて書く）などについては，今後検討が必要であろう。

　これに関連して，技能統合テストが推奨されるのであれば，いわゆ
る「総合問題」でもいいのではないかと考える人もいるかもしれないが，
これは違う。なぜなら，「技能統合問題」には，複数の技能が用いられ
る必然性が必要だが，「総合問題」には，そうしたタスクとしての必然
性は全くないからだ。空所補充をしたり，単語の意味を答えたり，下線
部を和訳したりというような，異なった問題の処理を現実の生活の中
で，求められることはないのである。

2.3.3　残された課題：CAN-DOリストとの関係

　前掲の「国際共通語としての英語力向上のための5つの提言と具体的
な施策」では，「国は，国として学習到達目標をCAN-DOリストの形
で設定することに向けて検討。」と「学校は，学習到達目標をCAN-DO
リストの形で設定・公表し，達成状況を把握。」の2つが挙げられてい
る。かねてより，学習到達目標をCAN-DOリストの形で設定すること
の重要性が指摘されてきたが，それが実現に向けてスタートを切ったの
は，大きな意義を持つ。しかしながら，これにより，現行の評価規準に
よる観点別評価とCAN-DOリストによる評価という2つの評価システ
ムが併存することになった。英語のような積み上げ型の教科は，CAN-
DOリスト型の評価との相性がいいように思われる。2017年告示の学習

指導要領では，指標型の学習到達目標が含まれることになった。これは「〜できるようにする」という，教師目線のCAN-DOリストである。今後，この変更を受けて，観点別評価における評価規準の設定をどう変更するのかという課題がある。

2.3.4　残された課題：「外国語理解の能力」の「正確さ」の評価

　外国語の「観点別評価」は，ご存じの通り，「コミュニケーションへの関心・意欲・態度」「外国語表現の能力」「外国語理解の能力」「言語や文化についての知識・理解」から成る。このうち，「理解の能力」に関わるのは「読むこと」と「聞くこと」である。さらに「理解の能力」は，「正確さ」と「適切さ」の点から評価される。「聞くこと」を例にとれば，「正確さ」は「英語で話されたり読まれたりする内容を正しく聞き取ることができる」，「適切さ」は「場面や状況に応じて英語を適切に聞いて理解することができる」と定義されている。

　この2つを見ると，「正確さ」というのは自明であり，やっかいなのは，どちらかといえば「適切さ」の方であるように見えるかもしれない。しかし，実は「適切さ」は〈参考資料2011〉の以下のような例示を見れば，具体的なイメージが沸きやすい。

（適切な聞き取り）
・話されている内容から話し手の意向を理解することができる。
・質問や依頼などを聞いて，簡単な言葉や動作などで適切に応じることができる。
・まとまりのある英語を聞いて，全体の概要や内容の要点を適切に聞き取ることができる。

これに対して，「正確な聞き取り」は，次のように例示されている。

（正確な聞き取り）
・強勢やイントネーション，区切りなどの特徴をとらえて聞き取ることができる。
・語句や表現，文法事項などの知識を活用して短い英語の内容を正しく聞き取ることができる。

第3部　テストとつなぐCAN-DOリスト

　また,「読むこと」の方は,この1つめが消えて,2つめの後半部分「短い英語の内容を正しく聞き取る」が「内容を正しく読み取る」となっている。

　実は,これまでの私の経験では,「外国語理解の能力」における「正確さ」の評価は,意外とやっかいである。中学校の英語教科書は,言語機能への視点をもちながらも基本的には文法シラバスに則っている。したがって,「(ある)文法項目の知識を活用して英語の内容を正しく聞き取る(読み取る)ことができる」といった評価観点は,レッスンごとに立っていてもおかしくはない。

　では,具体的にはどのような問題になるだろうか。これまでの定期試験では,「ある文法項目の知識を活用して」は「ある文法項目を含む英語を聞いて(読んで)」というように解釈されてきた節がある。つまり,定期試験では,試験範囲に含まれる文法事項を含む文を聞かせたり,読ませたりしてさえいればよく,その文法項目の知識を本当に「活用」しているかどうかは,ほとんど問題としてこなかった。

　しかしながら,実際の問題を見ると疑問に感じる点もある。次の例は,「be動詞の過去形を含む文を正しく聞き取ることができるか」を見るものである。

これからユキとトムの会話を放送します。よく聞いて,会話の内容に合う絵をアからオの中から選び,記号で答えなさい。

No. 1　A: I was very busy yesterday.

　　　　B: What did you do?

　　　　A: I cleaned the kitchen with my mother.

No. 2　A: Yesterday I visited my grandmother.

　　　　B: How was she?

　　　　A: She was fine. We went to the supermarket near her house.

　こうした会話を聞いたあとに,少女が母親と台所を掃除している絵や,少女が祖父母とスーパーで買い物をしている絵などから該当するものを選ぶことになる。この問題では,確かに生徒にbe動詞の過去形を

161

含む英語を聞かせて，その理解を見ている。しかし，実はこの問題は，clean や kitchen，supermarket といったキーワードを聞き取れれば正解が得られてしまうことから，この問題に正解しても，「be 動詞の過去形の意味」を理解しているとはいえないだろう。こう考えると，単に試験範囲に含まれる文法事項を含む文を聞かせたり読ませたりしてその内容の理解を見れば，それで「正確な外国語理解の能力」が見られるわけではないことがわかるだろう。

　ポイントは，「短い英語の内容を正しく聞き取る（内容を正しく読み取る）」際に，「ある文法項目の知識を活用できるのか」を見ているかどうか，つまり，その文法知識の活用の成否が，問題の解答の成否につながっているかどうかだろう。ただし，文法項目は内容語とは異なり，それが担っている「意味」は必ずしも大きなものではない。例えば，比較級や最上級や時制の違い，単数形と複数形，能動態と受動態などはそれなりの意味を担ってはいるが，3 単現の s などはそれ自体が担っている「意味」はほとんどないといってよい。

　例えば，過去形と現在形の聞き分けであれば，次のような問題が考えられる。

あなたはオーストラリアのホームステイ先で，バーベキューパーティをしています。ホストファーザーがパーティーに来ている近所の人たちを紹介しているので，次のメモを完成しよう。

	以前の職業	現在の職業
John		
Mary		
Tim		

（スクリプト）

Look at John. He's sitting at the table. He's a PE teacher, but he was a professional soccer player. Mary is his wife. She is a nurse. Tim is their son. He's a high school student. ...

　もちろん，こうした文脈なしに，単に目標となる文法事項を含んだ文を聞いて，ピンポイントで理解を求めるという方法もあるかもしれな

い。また，ある文法事項の「正確な理解」といっても，それを他の事項と理解し分けるという以外にも，肯定・否定や平叙・疑問を理解し分けるという場合もあるだろう。

「外国語理解の能力」における「正確さ」の評価では，上のような問題作成を心がけた方がよいと思っている。しかし，文法事項の中には，こうした問題作成が困難なものもある。

ある意味では，こうしたテスト問題を作成できない文法事項は，「外国語理解の能力」の「正確さ」の観点からの評価にはふさわしくないのかもしれない。これは，こうした文法事項の知識が活用されなくてよいということではなく，こうした文法事項はむしろ「外国語表現の能力」において活用できるかどうかを見るべきだということを示唆している。つまり，3単現のsなどは，「理解の能力」としてテストしなくてもいいが，「表現の能力」の「正確さ」としては，その活用の成否は評価対象になり得るということである。

2.4 観点別評価：「悩み」の根っこ

2.4.1 観点別評価再考

観点別評価が，中学校に導入された頃，この評価の方法についての研修会がかなり頻繁に行われていた。観点別評価については，〈参考資料2002〉では，観察による評価がかなり強調されていたために，どのようにして観察評価を行うべきか（その実践方法やそうして集められた評価資料の総括の方法など）についての説明に，かなりのページが割かれていた。この観察による評価そのものは，平成20（2008）年告示（平成24年施行）の学習指導要領とともに配布された，〈参考資料2011〉では，だいぶトーンダウンした形だ。〈参考資料2011〉では，〈参考資料2002〉とは逆に，「評価方法」の欄では，「後日ペーパー・テスト」の文言が目立つようになり，そのペーパー・テストについても，「教科書とは異なる物語を読むペーパー・テストにおいて」という文言にも象徴されているように，かなり具体的に踏み込んだ記述となっている。

観点別評価の導入時に，この観察評価とともに，当初よく議論されて

いたのが，ある問題形式によるテスト結果をどの観点として扱うかというものであった。今日では，あまりこのような議論が起こることはなくなったので（そもそも，観点別評価に関する研修の機会は激減したのだが），良くも悪くも，それぞれの教員あるいは学校の中で，ある一定の形で，落ち着いたということであろう。

では，そもそもなぜこうした議論が起こったのか，そして，その落ち着き方がはたして本来あるべきものであったのかなどについて考えてみたい。

2.4.2　どの観点に含まれるかの判断

ある問題形式によるテスト問題の結果をどの観点として扱うかという議論の中で，よく話題となったのは次のような問題であった。それは，英語の単語の英英辞典の定義を読んで，その定義している単語を推察して書くという問題である。

この問題の結果を4観点のどれに入れるかについて，ある講演で中学校の先生方に尋ねたところ，その判断は，「理解の能力」「表現の能力」「言語や文化についての知識・理解」と3つのカテゴリーにきれいに3分の1ずつに分かれた。それぞれの理由は以下の通りである。

・定義を「読んでいる」ので，「理解の能力」とする。
・単語を「書いている」ので，「表現の能力」とする。
・「単語」の知識を問うているので，「言語や文化についての知識・理解」とする。

今から思えば，単語だけを書かせて，それで「表現の能力」とするというのは，説得力がないようにも思えるかもしれない。しかし，当初は，「単語でも書いているのだから，『表現の能力』である」というような考えを持つ人達も少なくなかったのも事実である。

講演では，私は，このような問題については，「自己表現」に当たる要素が含まれず，また，書かれているのが「単語」だけということもあり，「表現の能力」には当たらないとした。その上で，これが「理解の能力」を問うているのか，「言語や文化についての知識・理解」を問うている

第 3 部　テストとつなぐ CAN-DO リスト

のか，については，その問題によるとしていた。つまり，問われている単語自体は誰でも知っていて，定義の文の理解が問われるような問題であれば，それは「理解の能力」を問うているし（以下の①），定義の文自体は誰でもある程度読めるようなものであるが，その単語の知識の有無に差があるような問題であれば，それは「言語や文化についての知識・理解」を問うている（以下の②）という具合である。定義は①②ともに *Longman Dictionary of Contemporary English 5th Edition* による。

① the clear liquid without colour, smell, or taste that falls as rain and that is used for drinking, washing etc　　答え：water

② 12 o'clock at night　　　　　　　　　　　　　　答え：midnight

　このような議論は，他の問題形式についても起こった。並べ換え問題では，「表現の能力」として扱うか，「言語や文化についての知識・理解」として扱うかの議論があった。与えられた語句をもとに作文をしていると考えれば，「表現の能力」を見ていることになるし，文構造の知識を見ていると考えれば，「言語や文化についての知識・理解」を見ていることになる。総合問題の場合は，英文の理解を問う問題がほとんど入っていないにも関わらず，英文が出ているというだけで「理解の能力」を問うているとしているケースが多々あった。しかし，これに対しても，英文は単なる素材であり，見ているのは文法の知識であったり，語彙の知識であったりであるから，こうした問題の結果は「言語や文化についての知識・理解」として扱うべきである，とする人達も当然いた。

2.4.3　問題の本質

　観点の判断は，解答の中心となる知識・技能によるとする私の判断自体は，今でもあまり変わっていないが，あるときから，この問題の本質は何だろうかと考えるようになった。教師がこのような悩みを持つのはなぜか。その理由は，これまでと同じようなテストを出しながら，それぞれの問題の結果が 4 観点のどこに行くかと考えてしまうことにあるのではないか。本来は，手順が逆だ。つまり，まず指導目標と到達目標を決めて，その目標への到達の有無を見るためにはどうしたらいいかを考

165

えるべきなのだ。評価をテストによるとしたら，どのようなテスト問題が最適かを考えるのである。「表現の能力」なら，その「表現の能力」を見るには，どうしたらいいかを考える。「言語や文化についての知識・理解」なら，その「言語や文化についての知識・理解」を見るには，どうしたらいいかを考えるべきなのだ。

テストありきの 観点別評価の手順	評価規準に基づく観点別評価の 手順（テスト選択の場合）
（教科書の）指導 ⬇ （従来型） テスト問題の作成 ⬇ 問題ごとの 評価観点の決定	到達目標の設定 ⬇ 評価規準の作成 ⬇ 評価方法の決定 （テストを選択） ⬇ テスト方法の決定

　こう考えれば，上の表のように，観点別評価のためのテスト問題の手順も当然違ってくる。右の表のように作れば，「表現の能力」を見る問題は，「表現の能力」を見るのに相応しい問題になるであろうし，「言語や文化についての知識・理解」を見る問題は，「言語や文化についての知識・理解」を見るのに相応しい問題になるであろう。あえて，観点と観点の境界線上の問題を選んで出す必要などないのだ。

　観点別評価導入から時を経て，良くも悪くも落ち着き，観点で悩むことはなくなったかもしれない。しかし，テストは昔と変わっておらず，観点別評価に対応する構成になっていないような場合も少なくない。今一度，「評価規準」からのテスト方法の見直しをしてみてはどうだろうか。

3. 次期学習指導要領における第3世代の「観点別評価」

3.1. 評価観点の変更

　中央教育審議会は，平成28（2016）年12月21日付けで，『幼稚園，

第3部　テストとつなぐ CAN-DO リスト

小学校，中学校，高等学校及び特別支援学校の 学習指導要領等の改善
及び必要な方策等について（答申）』（http://www.mext.go.jp/b_menu/
shingi/chukyo/chukyo0/toushin/1380731.htm）を発表し，その第9章
「何が身に付いたか－学習評価の充実－」において，「評価の3つの観点」
を示している。そこでは，「観点別評価については，目標に準拠した評
価の実質化や，教科・校種を超えた共通理解に基づく組織的な取組を
促す観点から，小・中・高等学校の各教科を通じて，「知識・技能」「思
考・判断・表現」「主体的に学習に取り組む態度」の3観点に整理する
こととし，指導要録の様式を改善することが必要である。」とされてい
る。ここからわかるように，第2世代までの「観点別評価」は，外国語は，
外国語固有の4観点であったが，第3世代の「観点別評価」は全教科共
通の3観点によることになった。

第2世代の「評価観点」	第3世代の 「評価観点」
教科ごと	全教科共通
コミュニケーションへの 関心・意欲・態度 外国語理解の能力 外国語表現の能力 言語や文化についての 知識・理解	知識・技能 思考・判断・表現 主体的に学習に 取り組む態度

（⇒）

では，この3観点は，外国語としては，どのような観点となるのであ
ろうか。この点に関して，平成29（2017）年3月告示（平成33（2021）
年施行）の『中学校学習指導要領』には，次のように書かれている。

2 内 容
〔知識及び技能〕
(1) 英語の特徴やきまりに関する事項
　実際に英語を用いた言語活動を通して，小学校学習指導要領第2
章第10節外国語第2の2の(1)及び次に示す言語材料のうち，1に

示す五つの領域別の目標を達成するのにふさわしいものについて理
解するとともに，言語材料と言語活動とを効果的に関連付け，実際
のコミュニケーションにおいて活用できる技能を身に付けることが
できるよう指導する。

〔思考力，判断力，表現力等〕

(2) 情報を整理しながら考えなどを形成し，英語で表現したり，伝
え合ったりすることに関する事項

　具体的な課題等を設定し，コミュニケーションを行う目的や場面，
状況などに応じて，情報を整理しながら考えなどを形成し，これら
を論理的に表現することを通して次の事項を身に付けることができ
るよう指導する。

ア 日常的な話題や社会的な話題について，英語を聞いたり読んだ
　りして必要な情報や考えなどを捉えること。

イ 日常的な話題や社会的な話題について，英語を聞いたり読んだ
　りして得られた情報や表現を，選択したり抽出したりするなど
　して活用し，話したり書いたりして事実や自分の考え，気持ち
　などを表現すること。

ウ 日常的な話題や社会的な話題について，伝える内容を整理し，
　英語で話したり書いたりして互いに事実や自分の考え，気持ち
　などを伝え合うこと。

　ここからキーワードを拾えば，「外国語」の〔知識及び技能〕の指導は，
「言語材料と言語活動とを効果的に関連付け，実際のコミュニケーショ
ンにおいて活用できる技能を身に付けることができるよう指導する」と
なるだろう。それに対して，「外国語」の〔思考力，判断力，表現力等〕
の指導は，「具体的な課題等を設定し，コミュニケーションを行う目的
や場面，状況などに応じて，情報を整理しながら考えなどを形成し，こ
れらを論理的に表現する」となるだろう。

3.2. 「内容のまとまり」の変更

　これまでの「内容のまとまり」は「聞くこと」「話すこと」「読むこと」

「書くこと」であったが、平成29（2017）年告示の『中学校学習指導要領』では、これらは「聞くこと」「話すこと［やり取り］」「話すこと［発表］」「読むこと」「書くこと」となっている。もっとも、次期学習指導要領では、これらは、「知識・技能」における「技能」との混乱を避けるために、「領域」という用語が用いられているのだが。この5領域では、従来の「話すこと」が「話すこと［やり取り］」「話すこと［発表］」の2つに分かれている点には注意が必要だ。

さらに、次の目標のアにそれぞれあるように、「話すこと」は［やり取り］であっても、［発表］であっても、いずれも「即興で」話すことになっている。

(3) 話すこと［やり取り］
ア 関心のある事柄について、簡単な語句や文を用いて即興で伝え合うことができるようにする。
(4) 話すこと［発表］
ア 関心のある事柄について、簡単な語句や文を用いて即興で話すことができるようにする。

どの観点であっても、この目標に関するものである限りは、「即興」という条件の下での「話すこと」の評価となっていなければならない。

こうした新しい変化については、評価においてはもちろん、指導目標の設定や指導において、意識されなければならない。

3.3. 予想される問題

現時点では、この学習指導要領に対応する『評価規準の作成、評価方法の工夫改善のための参考資料』が発表されているわけではないので、具体的に、どのような評価方法を行うかについては、明らかにされていない。そこで、この段階で予想される問題を考えてみる。

外国語学習においては、「知識」と「技能」の違いは重要である。「言語材料」を知っている（「知識」を持っている）だけでは、実際のコミュニケーション場面で、活用する（「技能」を持っている）ことはできない。にもかかわらず、第3世代の観点別評価では、この2つは、他教科と同様、

同一のカテゴリーとなっている。

　また,「知識及び技能」とは別に「思考力・判断力・表現力」の観点から評価しなければならない。「技能」が「実際のコミュニケーション場面で,活用する」ことを意味しているのであれば,それ以外に何があるのかと思うかもしれない。しかし,「思考力,判断力,表現力等」の指導は,「具体的な課題等を設定し,コミュニケーションを行う目的や場面,状況などに応じて,情報を整理しながら考えなどを形成し,これらを論理的に表現する」となっていることから,評価においても,単に目的・場面・状況を示すだけでなく,それらに「応じて」適切に言語処理を出来るかどうかがポイントとなるだろう。その一方で,学習指導要領のこうした「抑制的な」定義にも関わらず,人によっては,「思考力・判断力・表現力」から,もっと高度な言語活動を連想するかもしれない。とりわけ,「思考力・判断力・表現力」の構成概念に関して,文部科学省から参考資料などが調うまでは,混乱が予想される。

　第2世代と第3世代の関係をわかりやすく,そして,多少の誤解を承知で言うならば,第2世代の「外国語理解の能力」と「外国語表現の能力」のうちの「正確な理解」や「正確な表現」は第3世代の「技能」に,第2世代の「言語や文化の知識・理解」は第3世代の「知識」に対応し,第2世代の「外国語理解の能力」と「外国語表現の能力」のうちの「適切な理解」や「適切な表現」は第3世代の「思考力・判断力・表現力」に対応すると考えておくのは,当面の「頭の切り替え」としてはあり得るかもしれない。

　3つの観点のうちの1つ,「主体的に学習に取り組む態度」は,次期学習指導要領における「主体的に外国語を用いてコミュニケーションを図ろうとする態度を養う」という目標からすれば,単なる「英語学習」への取り組みではなく,「コミュニケーションを図る態度」であることがわかる。これは,第2世代までの「外国語」の「コミュニケーションへの関心・意欲・態度」と近く見える。ただし,これらの差別化が必要かどうか,また,必要だとすれば,どのような差別化がなされなければならないか,今後この点に関してもアンテナを張っておく必要がある。

第3部　テストとつなぐ CAN-DO リスト

第19章　「技能統合」と「診断」

1. 定期試験における「診断」の意義

　定期試験は，言うまでもなく「授業」と密接に結びついたテストである。「授業」と結びついているということは，学習者にとってはその「学習の成否」を見ることを，指導者にとってはその「指導の成否」を見ることを意味する。これらは，とりもなおさず，学習者にとっては「学習診断」に繋がり，指導者にとっては「指導診断」に繋がる。したがって，「診断機能」は定期試験の重要な役割の1つであると言える。

　「指導」は「指導目標」を反映しているはずだが，現実には，この「指導目標」は常に明示的に書かれているというわけではなく，教師が頭の中に暗示的に持っているだけの場合も多い。しかし，定期試験の作成に当たっては，これが何であったかという確認作業は重要である。

　これまで「診断」を目的とするテストにおいては，テスティング・ポイントを絞り込むということがもっぱら行われてきたと言える。1つのテスト項目に1つのテスティング・ポイントという具合である。例えば，名詞の複数形の作り方がわかっているかとか，一般動詞の疑問文の作り方がわかっているかとか，月や曜日の名前が言えるか，アナウンスを聞いて必要な情報を聞き取れるか，といったことを独立して見て来たのである。

2. 技能統合の意義

　さて，ここで，平成20（2008）年告示（平成24（2012）年施行）の『中学校学習指導要領』を思い出してみよう。前述の通り，この学習指導要領では，その1つは技能統合が謳われている。これまでの英語教育では，4つの独立した技能（つまり，聞く・話す・読む・書くの4技能）が，指導や評価において前提となるユニットであった。しかしながら，この学習指導要領では，4つの技能をまんべんなく「総合的に」指導するだけではなく，複数の技能を合わせた「技能統合」が提唱されていると考

171

えられる。

　では，技能を統合することの意義は何であろうか。確かに多くのコミュニケーション場面において，技能は統合されており，こうした場面における現実的コミュニケーション活動は魅力的だろう。しかし，それぞれの技能に関する指導を独立して行うことが，結果的にそれらの技能を統合した活動を可能にするのであれば，従来通り，技能統合の練習をあえて行う必要はないことになる。

　しかし，実際にはこれはそう単純な話ではない。「聞くこと」と「書くこと」がそれぞれにできることと，「聞いて書くこと」ができることは，必ずしも同じではない。「聞くこと」と「書くこと」がそれぞれにできたにしても，「聞いて書くこと」ができないことはある。いわゆる「全体は部分の総和より大きい」のである。サッカーでいえば，「ボールを止めること」と「止まっているボールを蹴ること」がそれぞれにできるからといって，「ボールを止めて，蹴ること」ができるとは限らないのと同じである。一連の活動を可能とするには，一連の活動から成る練習が必要なのである。

3. 技能統合の評価はどうするか

　学習指導要領への技能統合の導入は，直接的には検定教科書の変化をもたらし，それによって間接的に，授業の変化をもたらしつつある。また，仮に教科書に技能統合の活動がない場合でも，教師が技能統合の活動を授業に導入することもある。そして，授業の変化は評価の変化も，もたらす。授業の指導目標が技能統合的になれば，評価も技能統合的になるというのが自然な考え方であろう。つまり，指導目標が「放送を聞いて必要な情報を書き取ったりすることができる」ようにするということだとすれば，その評価では「放送を聞いて必要な情報を書き取ったりすることができる」かどうかを見ることになる。

　こうした評価結果からは，その学習者が現実のコミュニケーション場面で何ができるかを具体的に知ることができる。それゆえ，その評価結果は，コミュニケーション能力の測定として，高い妥当性を備えること

第3部　テストとつなぐCAN-DOリスト

となる。事実，TOEFL iBT® などの代表的な英語熟達度テストも，技能統合の方向を打ち出している。

　しかしながら，このようなアプローチには，定期試験などの到達度テストにおいては，決定的な問題点もある。「放送を聞いて必要な情報を書き取ったりすることができる」と判断された場合はよいが，これができていないとなった場合には，どう診断したらよいのだろうか。その原因の特定は容易ではない。

　もちろん，同じ「できない」でも，無解答と何か答えが書いてあって間違っているのとでは，事情が異なる。何も答えがなければ，そもそも聞き取れなかったのか，聞き取れていたのに書けなかったのか，わからない。しかし，そこに何か書かれていた場合には，その内容が違っていれば，聞き取りの段階で間違った可能性があると考えられるし，内容が合っていても，そこに書かれた英語自体に誤りがあれば，書く段階での誤りだとわかる。

　こう考えると，技能統合評価であっても，ある程度の診断は，全く不可能という訳ではなく，可能なケースもあるだろう。しかしながら，その場合でも，診断は個別に行わなければならず，項目や大問ごとに独立したタイプのテストの処理に比べ，はるかに手間がかかる。また，ここまでは，2技能の統合だけを視野に入れてきたが，3技能・4技能の統合となると，「診断」を行うのは，不可能に近いと言えるかもしれない。

4. 技能統合評価における「診断」は可能か

　では，技能統合評価においては，いわゆる「診断」を実用的に行うことは無理なのだろうか。確かに，単独の技能統合タスクだけを用いて，分析的な診断を行うことは容易ではない。しかし，より高度なテスト設計を行うことによって，診断を実現することは可能となるかもしれない。1つの方法として考えられるのは，統合した活動の成否を見るテストと，その活動を支える独立した技能を見るテストをあわせて用いることで，複合的に診断することである。上の例でいえば，「聞いて書く」という技能統合的な問題と「聞くこと」及び「書くこと」という単独技

173

能の評価結果を組み合わせたテスト設計を行うということだ。ただし，この場合も単純にそれぞれの技能を測るだけではダメで，その技能統合テストで問われているそれぞれの技能の下位技能までをも意識する必要がある。

　今後は，意味のある技能統合活動を授業に積極的に導入し，評価の対象とすべきである。確かにすべての技能統合活動を診断的に評価することは，現実的には難しい。であれば，重要な技能統合活動，とりわけ，重要な技能の組み合わせに絞り，その活動自体の成否もさることながら，それが達成されない生徒に関して，何が原因で達成されないのかを見ていくことは，その生徒の学習を考える上でも，教師のその後の授業を考える上でも，大切なことである。

　最後に，なかなか目にすることのない英語の「診断テスト」であるが，英語の代表的な診断テストとしては，DIALANG（http://www.lancaster.ac.uk/researchenterprise/dialang/about）というテストがある。ぜひ一度体験してもらいたい。

結びにかえて　さよなら，総合問題

1. やっぱりあった，「総合問題」

　これまでに，30 年にわたり定期試験を見てきた。毎年，何十という定期試験を見てきた。そして思ったことは，「やっぱり定期試験はほとんど変わってないなあ」ということだ。

　その思いを強くしたのは，いわゆる「総合問題」である。まだ，これほど「総合問題」は存在していたのか。従来でも，ほとんどの高等学校の定期試験には，この「総合問題」が含まれていたが，これが中学校の定期試験にもかなり侵食してきているような気がする。正確に言うと，中学校では，これまで，3 年生になると「総合問題」が出現し始めていたが，この「総合問題」の出現時期が早まってきたような気がするのだ。

　これは，観点別評価の導入に伴い，評価観点としては「(外国語) 理解の能力」，「内容のまとまり」としては「読むこと」が明確に位置づけられた。これにより，学習の初期段階から，「読むこと」の評価がこれまでにも増して行われるようになったように思う。

　〈参考資料 2011〉によれば，「読むこと」の評価は，「教科書とは異なる物語を読むペーパー・テスト」（国立教育政策研究所教育課程研究センター, 2012; 39）によるとあり，ペーパー・テストは「既習」のリーディング・パッセージによらず，「未習」のリーディング・パッセージによるべきとなっている。しかしながら，実際は既習のリーディング・パッセージが定期試験に出題されている。そのために，「読むこと」の評価を装いながらも，「読むこと」を問うことはできなくなっている。授業中にリーディング・パッセージは読んでしまっているために，内容理解を問うことは馬鹿馬鹿しく，リーディング・パッセージ中にある文法事項や単語をあれこれと尋ねることになるのである。

　世界的に見ても，きわめて珍しいテスト・タイプである「総合問題」。日本に目を転じても，大学入試センター試験にも GTEC for STUDENTS にも英検にも TOEIC にも「総合問題」は存在していない。

それでも，この「総合問題」は日本の定期試験からはなくならないのだ。

2. やっぱりやめよう，「総合問題」

「教えたとおりにテストして何が悪いのか，高校入試や大学入試や模擬試験でも（？）総合問題は出ているではないか」。こうした反論はこれまでにもずいぶんと聞いてきた。それでも，「総合問題」はやっぱりダメだと思う。

これまでにも，何度も雑誌原稿や著書に書いたり，講演でもその問題点を指摘してきたりしたが，「総合問題」はなくならない。また，私のみならず，靜哲人氏も，その著書（靜，2002）の中で，「総合問題」の問題点を徹底的に指摘している。

靜氏や私の批判をまとめるとおよそ次のようになるだろう。1つは，「総合問題」には，様々なテスト・タイプが含まれているために，テスティング・ポイントが不明確であること。これは，とりわけ「指導」と「評価」の一体化が強く求められる「定期試験」においては，問題である。何を測っているかわからないようなテストでは，その結果から，「指導」や「学習」へのフィードバックを得ることはできないのである。

もう1つの問題点は，この問題の解答プロセスが，現実の言語コミュニケーションとはまったく異なる点である。「総合問題」のように，空所やら下線が引かれた文章を見て，単語や文法や発音についてばらばらに処理しなければならないということは，現実のコミュニケーションでは決してない。「総合問題」の問題点は「ミニクサ（醜さ，見にくさ）」にある（靜，2002: 97）とされるゆえんである。現実の言語コミュニケーションでは，リーディング・パッセージはその内容をとるために読むものであり，これについて何か書くにしても，その内容についてまとまった文章を書くだけである。

こうした問題は，学習への悪しき波及効果ももたらす。というのは，「総合問題」の出題を想定した学習では，まとまったリーディング・パッセージの内容を理解しようとするよりは，その中にある単語・文法項目・発音などをばらばらに確認しようとすることになるからである。私たち

英語教師は，このような英語学習を生徒たちに望んでいるだろうか。

　さらに，現行の（2017年現在）観点別評価では，この「総合問題」の結果は，行き場がないという点も問題である。「コミュニケーションへの関心・意欲・態度」「外国語表現の能力」「外国語理解の能力」「言語や文化についての知識・理解」のどこに，この「ごった煮問題」の結果は行くのだろうか。多くの場合は，「総合問題」はリーディング・パッセージを載せているために，「外国語理解の能力」として扱われているようだ。しかし，皮肉なことに，「総合問題」には，思いの外，「外国語理解の能力」を問う問題は少ない。なぜなら，既習のリーディング・パッセージの内容理解を問うことの馬鹿馬鹿しさを誰もがわかっているからだ。

　既習のリーディング・パッセージを出しても読めない生徒がいると言うが，既習のリーディング・パッセージに基づく内容理解問題ができたとしても，読む能力としては何も保証しない。授業の内容を覚えているかどうかを見るのであれば，それは単なる記憶力のテストとなってしまうだろう。

　一部の入試や模擬試験で「総合問題」が出題されているというのは，残念ながら事実だろうが，それらは悪しきモデルである。なぜ，よきモデルに目を向けようとしないのであろうか。繰り返すが，大学入試センター試験にも GTEC for STUDENTS にも英検にも TOEIC にも「総合問題」は存在していない。

3. さよなら，「総合問題」

　まるでゾンビのように生き延びてきている「総合問題」だ。そう簡単になくならないのかもしれない。しかし，言語テスト研究者としては，このような問題点を指摘し続けなければならないのは，悲しすぎる。

　おそらく英語のテストを作るとなると，組み込まれた遺伝子情報に従うかのように，「総合問題」を作ってしまう英語の教師が山のようにいるということかもしれない。何の能力を測るのか，また，その能力をどう測るのかを考える前に，「総合問題」を作ってしまっている。こうし

た状況にあって，「総合問題」を止めるということは，想像がつかないのかもしれない。

　では，「総合問題」を止めるには，どうしたらいいのか。それは，簡単なことである。まず，測ろうとする能力が何なのかを考える。もちろん，定期試験では，授業でつけさせようとしていた能力が，測るべき能力である。それが確認できたら，次にその能力をどう測るのがよいかを考える。これが決まれば，あとはその能力を測る問題で，大問を構成すればよいだけのことである。

　こうして作ってみれば，拍子抜けするほど，簡単に「総合問題」とは決別できることがわかるだろう。そして，こうしてできあがった定期試験は，見た目にすっきりし，大問ごとにテスティング・ポイントが明確になっていることに気がつくであろう。測る能力が明確になっていれば，観点別評価での行き先も，誰の目にも明らかになるに違いない。

　さよなら，「総合問題」。

参考文献

大友賢二 (1996).『項目応答理論入門―言語テスト・データの新しい分析法』. 大修館書店.

外国語能力の向上に関する検討会 (2011). 「国際共通語としての英語力向上のための 5 つの提言と具体的施策」. http://www.mext.go.jp/b_menu/houdou/23/07/__icsFiles/afieldfile/2011/07/26/1308888_1.pdf

梶田叡一 (2002).『教育評価〔第 2 版補訂版〕』. 有斐閣

国立教育政策研究所教育課程研究センター (2002). 『評価規準の作成, 評価方法の工夫改善のための参考資料（中学校）―評価規準, 評価方法等の研究開発（報告）―』 http://www.nier.go.jp/kaihatsu/houkoku/index_jh.htm

国立教育政策研究所教育課程研究センター (2005). 『特定の課題に関する調査（英語：「話すこと」）（中学校）』 http://www.nier.go.jp/kaihatsu/tokutei_eigo/index.htm

国立教育政策研究所教育課程研究センター (2011). 『評価規準の作成, 評価方法等の工夫改善のための参考資料（中学校外国語）』 http://www.nier.go.jp/kaihatsu/hyouka/chuu/10_chu_gaikokugo.pdf

国立教育政策研究所教育課程研究センター (2012). 『特定の課題に関する調査（英語：「書くこと」）』 http://www.nier.go.jp/kaihatsu/tokutei_eigo_2/index.html

靜哲人 (2002). 『英語テスト作成の達人マニュアル』. 大修館書店.

投野由紀夫 (2013.『CAN-DO リスト作成・活用 英語到達度指標 CEFR-J ガイドブック』. 大修館書店.

根岸雅史 (2012). 「CEFR 基準特性に基づくチェックリスト方式による英作文の採点可能性」.『ARCLE REVIEW』, No. 6, pp. 80-89.

根岸雅史・東京都中学校英語教育研究会 (2007).『コミュニカティブ・テスティングへの挑戦』. 三省堂.

根岸雅史・村越亮治 (2014). 「文法の手続き的知識をどう測るか」.『ARCLE REVIEW』, No. 8, pp. 22-33.

平田和人 (2003).『中学校英語科絶対評価の方法と実際』. 明治図書.

文部科学省 (2015). 平成 26 年度「英語教育実施状況調査」. http://www.mext.go.jp/a_menu/kokusai/gaikokugo/1358566.htm

文部科学省初等中等教育局 (2013).『各中・高等学校の外国語教育における「CAN-DO リスト」の形での学習到達目標設定のための手引き』.

若林俊輔・根岸雅史 (1993).『無責任なテストが「落ちこぼれ」を作る―正しい問題作成への英語授業学的アプローチ』. 大修館書店.

Bachman, L. F. (1990). *Fundamental considerations in language testing*. Oxford, UK: Oxford University Press.

Council of Europe. (2001). *Common European framework of reference for languages: Learning, teaching, assessment*. Cambridge: Cambridge University Press.

Davidson, F., & Lynch, B. K. (2008). *Testcraft: A teachers guide to writing and using language test specifications*. Yale University Press.

Davies, A. (1999). *Dictionary of language testing* (Vol. 7). Cambridge University Press.

Green, A. (2013). *Exploring language assessment and testing: Language in action*. Routledge.

Heaton, J.B. (1988). *Writing English language tests*. London: Longman.

Hughes, A. (2003). *Testing for language teachers*. Cambridge University Press.

Jafarpur, A. (1987). The short-context technique: an alternative for testing reading comprehension. *Language Testing, 4*(2), pp. 195-220.

Lado, R. (1961). *Language testing: The construction and use of foreign language tests*. London, Longman.

Levelt, W. J. M. (1989). *Speaking: From intention to articulation*. Cambridge, MA: MIT Press.

McNamara, T. (1996). *Measuring second language performance*. London, UK: Longman.

McNamara, T. (2000). *Language testing*. Oxford University Press.

Meara, P. (1996). The dimensions of lexical competence. In G. Brown, K Malmkjaer and J. Williams (eds.), *Performance and competence in second language acquisition* (pp. 35-53). Cambridge: Cambridge University Press.

Oller, J. W. Jr. (1979). *Language tests at school: a pragmatic approach*. Longman.

Weir Cyril, J. (1990). *Communicative language testing*. Prentice Hall.

CEFR-J のウェブサイト（http://cefr-j.org）
ビデオ『スピーキング・テスト・セレクション』（根岸雅史監修）ジャパンライム．

略語一覧

CEFR	Common European Framework of Reference for Languages
CRA	criterion-referenced assessment
EPP	English Profile Programme
ICT	Information Communication Technology
NRA	norm-referenced assessment
SST	Standard Speaking Test

参考資料 2002	『評価規準の作成，評価方法の工夫改善のための参考資料（中学校）— 評価規準，評価方法等の研究開発（報告）—』
参考資料 2011	『評価規準の作成，評価方法等の工夫改善のための参考資料（中学校 外国語)』

索　引

A
absolute score interpretation 140
Audacity 58

B
backwash effect 6

C
CAN-DO ステイトメント（statement）
.... 124, 125, 126
CAN-DO ディスクリプタ（descriptor）
.... 51, 124-127, 130, 132-138
CAN-DO リスト
.... 51, 124-133, 135-138, 159, 160
CEFR 51, 53, 80, 82, 126, 128, 129, 136
CEFR 基準特性（criterial features）......... 80
CEFR-J 74, 126, 129
criterion-referenced assessment（CRA）
.... 140, 141, 150

D
declarative knowledge 100, 101, 104
discrete-point test 31
display question 85, 89
distractor 26

E
English Grammar Profile 130
English Profile Programme 129
English Vocabulary Profile 129
explicit knowledge 100

F
Flesch-Kincaid Grade Level 49
Flesch Readability Ease 49

G
genuine question 85, 89

H
holistic-universal view 93

I
implicit knowledge 100
information gap 34, 85

J
JASP 22
js-STAR 22

L
Lexile Measure 49

N
norm-referenced assessment（NRA）... 140

P
paradigmatic 98
PDCA サイクル 130
procedural knowledge 100, 101, 104

R
R 22

S
SPSS 22
SST（Standard Speaking Test）............. 86
syntagmatic 98

T
test specifications 10, 54
Text Inspector 129
TO-DO リスト 135

W
washback effect 6
WISH リスト 136-138

あ行
一次元性 21
印象採点 73
印象主義的採点（impressionistic scoring）93
インタビュアー・トレーニング 88
インタビュー
.... 38, 39, 83, 85, 86, 88, 89, 91, 148
インタビュー・テスト
.... 16, 82, 84, 85, 88-91, 141, 143
応答の適切さ 18
オーセンティシティ（authenticity）
.... 32, 33, 44, 61, 62, 125, 158
音声編集ソフト 58

か行
外国語表現の能力 21, 135, 152, 153,
158-160, 163, 167, 170, 177
外国語理解の能力
... 21, 152, 153, 158, 160-163, 167, 170, 177
概念（notion）...................................... 32
概要 53, 63, 64, 128, 129, 134, 158, 160
概要理解 52, 64
概要理解問題 55
会話のマネジメント 83
会話文 50, 51
語る（narrate）.................................... 85
紙と鉛筆によるテスト
（paper-and pencil test）.............. 16, 17, 82
簡易採点尺度 94
観察 82, 130, 141-148, 155, 163
間接的測定 17
観点別・絶対評価
.... 11-13, 82, 112, 141, 144, 148
観点別評価 ...21, 105, 139, 140, 152, 158-160,
163, 164, 166, 167, 169, 175, 177, 178
既習 9, 48, 50, 97, 112, 133, 135, 155,
175, 177

基準‥‥‥‥‥ 13, 14, 92, 95, 118, 140, 141,
　　　　　　　　149-151, 157
既製テスト問題‥‥‥‥‥‥‥‥‥‥‥ 117-121
機能（function）‥‥‥‥‥ 11, 32, 116, 161
技能統合‥‥‥‥‥‥‥‥ 157-159, 171-174
技能統合活動‥‥‥‥‥‥‥‥‥‥‥‥ 174
客観性重視‥‥‥‥‥‥‥‥‥‥‥‥‥‥ 75
教室内テスト‥‥‥‥‥‥‥‥‥‥‥‥‥ 23
空所補充問題‥‥‥‥‥ 12, 44, 96-99, 106, 156
グループ・ディスカッション・テスト
（group discussion test）‥‥‥‥‥‥ 83
クローズ・テスト（cloze test）‥‥‥ 24, 31, 32
クロンバックα‥‥‥‥‥‥‥‥‥‥‥‥ 20
言語学習者・使用者（language learner/ user）
‥‥‥‥‥‥‥‥‥‥‥‥‥‥‥‥‥‥‥ 133
言語活動‥‥‥‥ 36, 38, 41, 44, 45, 63, 125, 127,
　　132, 133, 138, 144, 155, 158, 167, 168, 170
言語習得‥‥‥‥‥‥‥‥‥‥‥‥ 109, 110, 113
言語習得装置（language acquisition device）
‥‥‥‥‥‥‥‥‥‥‥‥‥‥‥‥‥‥‥ 109
言語や文化についての知識・理解‥‥‥21, 105,
　　108, 139, 144, 152, 156, 160, 164-167, 177
現実生活のタスク（real-life task）32, 44, 134
減点法‥‥‥‥‥‥‥‥‥‥‥‥‥‥‥73-75
構成概念（construct）‥‥‥‥‥‥ 15, 16, 170
構成概念妥当性‥‥‥‥‥‥‥‥‥‥‥‥ 66
構成概念の非代表性
（construct under-representation）‥‥‥‥‥ 16
構成概念の無関係性（construct irrelevance）
‥‥‥‥‥‥‥‥‥‥‥‥‥‥‥‥‥ 15, 16
行動中心主義（action-oriented approach）
‥‥‥‥‥‥‥‥‥‥‥‥‥‥‥‥ 51, 127
口頭並べ換えテスト‥‥‥‥‥‥‥‥ 86, 87
行動目標‥‥‥‥‥‥‥‥‥‥‥‥‥ 144, 145
項目応答理論（item response theory）21, 22
コミュニカティブ・テスティング
（communicative testing）
‥‥‥‥‥‥ 31, 33-35, 37, 40, 86, 127
コミュニケーション・ブレークダウン‥‥‥ 57
コミュニケーションへの関心・意欲・態度
‥‥‥‥‥‥ 21, 139, 144, 149, 152, 155, 160,
　　　　　　　　167, 170, 177

さ行

採点基準
‥‥‥‥‥11, 73, 75, 76, 78（分析採点基準）, 92
錯乱肢‥‥‥‥‥‥‥‥‥‥‥‥‥‥‥‥ 26
サンプリング‥‥‥‥‥‥ 16, 97, 98, 107, 118
時間差テスト‥‥‥‥‥‥‥‥‥‥ 112-116
指示代名詞問題‥‥‥‥‥‥‥‥‥‥‥‥ 55
実質選択肢数‥‥‥‥‥‥‥‥‥‥‥‥‥ 30
実用性‥‥‥‥‥ 14, 24, 25, 87, 103, 146, 147

指導目標‥‥‥‥‥ 13, 22, 45, 52, 56-58, 64, 79,
　　83, 92, 94, 106, 120, 142, 165, 169, 171, 172
ジャンル‥‥‥‥‥‥‥‥‥‥‥‥‥‥‥ 119
自由作文‥‥‥‥‥ 33, 66, 67, 70, 73, 75, 80
熟達度テスト（proficiency test）
‥‥‥‥‥‥‥‥‥ 11, 16, 97, 106, 173
受容技能（receptive skills）
‥‥‥‥‥‥‥‥‥ 35, 101, 119, 133, 134
詳細理解問題‥‥‥‥‥‥‥‥‥‥‥‥‥ 55
真空状態‥‥‥‥‥‥‥‥‥‥‥‥‥ 58, 70
診断‥‥‥‥ 6, 7, 13, 96, 100, 145, 171, 173, 174
信頼性‥‥‥‥‥‥ 8, 14, 15, 18-21, 24, 29,
　　　　　 74, 76, 91, 92, 94, 146-148
信頼性係数‥‥‥‥‥‥‥‥‥‥‥‥‥‥ 20
推薦入試‥‥‥‥‥‥‥‥‥‥‥‥‥‥‥ 23
数値換算法‥‥‥‥‥‥‥‥‥‥‥‥ 149-151
スキル・シラバス‥‥‥‥‥‥‥‥‥‥‥ 56
スクリプト‥‥‥‥‥‥‥‥‥‥‥57, 58, 65
ストーリー・テリング‥‥‥‥‥‥‥‥‥ 85
スピーチ‥‥‥‥‥ 16, 38, 39, 82, 83, 135-138
正確さ‥‥‥‥‥‥ 36, 66, 67, 74, 75, 79, 93-95,
　　　　　　141, 146, 160, 161, , 163
絶対評価‥‥‥‥‥‥‥ 140-142, 144, 150, 154
セミ・リアル・ライフ・タスク‥‥‥‥‥ 61
全体的採点（holistic scoring）
‥‥‥‥‥‥‥‥‥‥‥73, 75, 76, 92-94
線引き‥‥‥‥‥‥‥‥‥‥‥13, 149, 151
総括‥‥‥‥‥‥‥‥ 148-151, 157, 163
統合的テスト（integrative test）‥‥‥‥‥ 31
総合問題
‥‥‥‥‥7, 11, 12, 48, 50, 96, 159, 165, 175-178
相互作用的オーセンティシティ
（interactional authenticity）‥‥‥‥‥‥ 62
即興‥‥‥‥‥‥‥‥‥‥39, 58, 83, 86, 110, 169

た行

ターンテイキング‥‥‥‥‥‥‥‥‥‥ 83
ダイアローグ‥‥‥‥‥‥‥‥‥‥‥ 82, 83
大規模テスト‥ 7, 17, 19, 21-23, 25, 73, 80, 83
代替的評価（alternative assessment）‥‥ 155
タイトル選択問題‥‥‥‥‥‥‥‥‥‥‥ 55
多肢選択式テスト‥‥‥‥‥ 26, 27, 29, 30
妥当性‥‥‥ 8, 9, 13-18, 24, 66, 74, 89, 92, 107,
　　　　　　142, 147, 148, 172
段階評価‥‥‥‥‥‥‥‥‥‥‥‥‥ 76, 140
単語テスト‥‥‥‥‥‥‥‥‥‥‥ 105-108
直接的な測定‥‥‥‥‥‥‥‥‥‥‥‥‥ 17
著作権法‥‥‥‥‥‥‥‥‥‥‥‥‥‥ 117
治療‥‥‥‥‥‥‥‥‥‥‥‥‥‥‥‥ 145
定期試験‥‥‥‥ 7-12, 16, 19, 21-23, 39, 44, 45,
　　48-50, 54, 57, 66, 80, 86, 94, 96-99, 105-107,
　　112-119, 121, 146, 148, 149, 151, 154, 155,
　　　　　 157, 161, 171, 173, 175, 176, 178

ディクテーション・テスト（dictation test）
…………………………………… 31, 32
適語選択問題………………………… 12
テキスト・オーセンティシティ………… 32
テキスト・タイプ（text type）
……… 33, 50, 51, 54, 70, 119, 120, 133
テスティング・ポイント……… 7, 11, 12, 22,
　　26, 29-31, 97, 99, 112, 119, 171, 176, 178
テスト・スペック（test specifications）10, 54
テスト・タスク
…………… 32, 35, 59, 60, 62, 63, 120, 134
テスト・テクニック…………………… 67
テスト・デザイン（test design）… 10, 16, 97
テスト統計……………………… 18, 19, 21, 22
テスト統計ソフト……………………… 22
テスト得点合算法………………… 148-150
点双列相関係数
（point-biserial correlation coefficient）…… 20
統計ソフト……………………………… 22
到達者（master）………………… 149, 151
到達度テスト（achievement test）
……………………………98, 113, 173
到達度評価
（criterion-referenced assessment）…… 150
トピック……… 41, 49, 50, 62, 119, 120, 126

な行
内申書…………………………………… 23
内的一貫性……………………… 19, 20, 22
内容一致問題………………………… 62
内容語…………………………… 101, 162
内容妥当性…………………………… 107
内容のまとまり
………… 139, 140, 153, 156, 158, 168, 175
並べ換え問題
… 12, 44, 87（口頭〜）, 96, 98, 99, 102, 165
ニーズ分析（needs analysis）………… 86
認知的・心理言語学的オーセンティシティ
（cognitive/psycholinguistic authenticity）61-62

は行
波及効果… 6-8, 14, 15, 23, 24, 48, 56, 66, 75,
　　　　　　　120, 121, 146, 148, 176
発音……… 11, 16, 17, 31, 39, 91, 93-95, 108,
　　　　　　　146-148, 176
発表（spoken production）
…………16, 19, 82, 126, 128, 154, 159, 169
発表技能（productive skills）
…………… 34, 59, 84, 101, 133, 159
発信語彙……………………………… 106
パフォーマンス・テスト………… 37-40, 133
パラレルなテキスト………………… 49
バンド………………………………… 93
非到達者（non-master）………… 150, 151

評価基準…………… 91, 92, 94, 133, 149, 150
評価資料…………………… 148, 153, 163
描写する（describe）……………… 85, 95
頻度法…………………………… 149, 150
プール…………………………… 26, 99
プレゼンテーション…………… 38, 39, 82, 83
プロセス…… 10, 19, 32, 39, 59, 63, 67, 109,
　　　　　　　111, 113, 144, 145, 176
プロダクト…………………………10, 144, 145
文章構成理解問題………………… 55
分析的採点（analytic scoring）
………………… 73-75, 78, 79, 92, 93
文復唱テスト（sentence repetition test）
……………………………… 86, 93
文法的正確さ……………………… 93
文法テスト…………… 96, 99, 100, 102, 104
文法問題………… 12, 13, 29, 96-99, 103, 156
平常点……………………………… 141
ペーパー・テスト
……… 133, 142, 146-148, 154-156, 163, 175
ベンチマーク（benchmark）………… 129
弁別力…………………… 20, 21, 26, 65
弁別力指数（item discrimination power index）
………………………………… 20
本当の質問（genuine question）………… 89

ま行
未習………9, 27, 48, 49, 119, 120, 133, 175
見せかけの質問（display question）……… 89
メディア…………………………… 119
モノローグ……………………… 82, 83

や行
やりとり（spoken interaction），やり取り
………………… 16, 82-85, 126, 128, 132, 169
要点…………………………… 63, 64, 134, 160

ら行
ライティング・テスト
…………… 33, 37, 38, 40, 66, 67, 73-75, 112
リアル・ライフ・タスク…………………… 61
リーダビリティ……………………… 49
リーディング・スキル…………………54-57
流暢さ……………………… 18, 66, 91
レパートリー…………… 66, 67, 82, 99, 106
ロール・プレイ…………………34, 85, 86
ロール・プレイング・カード… 58, 85, 86, 88

わ行
和文英訳…………………… 44, 66, 67, 73

[著者紹介]
根岸雅史（ねぎし・まさし）

東京外国語大学大学院総合国際学研究院教授。埼玉県熊谷市出身。東京外国語大学外国語学部英米語学科卒業。東京学芸大学大学院教育学研究科英語教育専攻修士課程修了。英国レディング大学大学院言語学研究科応用言語学専攻修士課程修了。レディング大学より博士号取得。専門は英語教育学，特に，言語テスト論，言語能力評価枠組み研究。著書に『無責任なテストが「落ちこぼれ」を作る』（共著）（大修館書店），『テストの作り方』（研究社），『コミュニカティブ・テスティングへの挑戦』（三省堂），文部科学省検定済教科書 中学校外国語 *NEW CROWN English Series*（代表著者）（三省堂）等がある。

装丁・本文デザイン　株式会社キャデック

テストが導く英語教育改革
「無責任なテスト」への処方箋

2017 年 8 月 3 日　第 1 刷発行

著　者　根岸雅史
発行者　株式会社 **三省堂**　代表者　北口克彦
発行所　株式会社 三省堂
　　　　〒 101-8371
　　　　東京都千代田区三崎町二丁目 22 番 14 号
　　　　電話　編集　(03)3230-9411　　営業　(03)3230-9412
　　　　http://www.sanseido.co.jp/
印刷所　三省堂印刷株式会社

落丁本・乱丁本はお取り替えいたします。
©Negishi Masashi 2017
Printed in Japan
ISBN978-4-385-36356-1　〈テストが導く英語教育改革・184pp.〉

本書を無断で複写複製することは，著作権法上の例外を除き，禁じられています。また，本書を請負業者等の第三者に依頼してスキャン等によってデジタル化することは，たとえ個人や家庭内での利用であっても一切認められておりません。